CALIDAD DE LA DEMOCRACIA Y EXPANSIÓN
DE LOS DERECHOS HUMANOS

**Cuadernos de la Cátedra Mezerhane sobre
Democracia, Estado de Derecho y Derechos Humanos**

1. Allan R. Brewer-Carías, *Principios del Estado de derecho. Aproximación histórica,* 2015, 360 páginas.

2. Asdrúbal Aguiar A., *Calidad de la democracia y expansión de los derechos humanos,* 2017, 242 páginas.

ASDRÚBAL AGUIAR

Profesor Titular (Catedrático)
Universidad Católica Andrés Bello
Profesor Visitante del Miami Dade College

CALIDAD DE LA DEMOCRACIA Y EXPANSIÓN DE LOS DERECHOS HUMANOS

Cuadernos de la Cátedra Mezerhane sobre Democracia, Estado de Derecho y Derechos Humanos

Miami Dade College

Ediciones EJV International

Miami, 2018

© Asdrúbal Aguiar Aranguren, 2018
Email: asdrubalaguiar@yahoo.es

Hecho el Depósito de Ley
ISBN: 978-980-365-406-1
Depósito Legal: DC2017002351

Editado por:
Editorial Jurídica Venezolana
Avda. Francisco Solano López, Torre Oasis, P.B., Local 4,
Sabana Grande, Apartado 17.598 – Caracas, 1015, Venezuela
Teléfono 762.25.53, 762.38.42. Fax. 763.5239
http://www.editorialjuridicavenezolana.com.ve
Email fejv@cantv.net

Impreso por: Lightning Source, an INGRAM Content company
para Editorial Jurídica Venezolana International Inc.
Panamá, República de Panamá.
Email: ejvinternational@gmail.com

Diagramación, composición y montaje
por: Francis Gil, en letra Times New Roman, 12
Interlineado 12, Mancha 16 x 10 cm., libro: 21.6 x 14 cm.

ÍNDICE GENERAL

NOTA DEL AUTOR 11

PRÓLOGO de Laura Chinchilla 13

I

¿CALIDAD, MUTACIÓN O FINAL DEL TEATRO DE LA DEMOCRACIA
(Elementos para una teoría normativa)

PRELIMINAR 19

1. *La Carta Democrática Interamericana: ¿Una res-*
   puesta adecuada? 22

2. *La perfectibilidad de la democracia* 30

3. *El estado de la cuestión democrática y la post-*
   democracia 35

4. *Desandando la madeja del llamado desencanto* 45

   a) *Entre el totalitarismo mediático y la ilustración*
      de los millenials 46

   b) *¿Con qué se come eso de la sociedad civil?* 50

   c) *¿Hacia la ciudadanía digital y/o la "Uberiza-*
      ción" de la política? 56

   d) *La corrupción, ¿un mal de ahora o de otros*
      tiempos o más visible? 61

   e) *¿Dictadura de los jueces constitucionales?* 62

5. Las hipótesis de la crisis democrática y sus teorizadores 65

6. En búsqueda de la democracia moral, en el teatro de la democracia 72

7. Sobre la calidad de la democracia y su reinvención normativa 79

8. Una síntesis y sus predicados normativos 83

   a) La democracia como derecho humano colectivo 87

   b) La democracia como derecho y servicio a la verdad 89

   c) La democracia como representatividad de lo social 91

   d) La democracia como realización de la Justicia y garantía de su coherencia 94

BIBLIOGRAFÍA 97

II

RELECTURA DE LOS DERECHOS HUMANOS: SU EXPANSIÓN Y RELATIVIZACIÓN CONTEMPORÁNEA

1. La dignidad del hombre, entre el ocaso y la resurrección 102

   a) El ocaso de los derechos hacia la modernidad... 103

   b) Desde la Petition of Rights hasta las Grandes Revoluciones 109

   c) Las codificaciones revolucionarias 119

   d) En tránsito hacia el constitucionalismo contemporáneo, entre la igualdad y la libertad 124

2. Hacia la centralidad de la persona humana en el siglo XX 129

   a) La dignidad humana y el orden público internacional 133

b) *Jerarquía y sistemática de los derechos* 140

c) *Las denominaciones de los derechos y sus características* 149

d) *La Emergencia del neoconstitucionalismo y su crisis* 154

3. *El siglo XXI: ¿Otra vez el ocaso o acaso la banalización de los derechos?* 160

a) *El debate de apertura o en búsqueda de una respuesta* 169

b) *La cuestión del fundamento y su relectura: Los derechos no se inventan* 174

c) *De vuelta al principio: La verdad del hombre* 184

d) *Los derechos del hombre, ¿valores o derechos?* 191

4. *Hacia los derechos humanos transversales o integradores de todos los derechos* 197

a) *Los derechos de cuarta y quinta generación: ¿derechos paraguas u orden de la dignidad?* 198

b) *El derecho al orden de la democracia y de la paz* 202

5. *El control y/o el diálogo judicial como vías para la reconstrucción de los derechos humanos en democracia* 205

a) *Control de convencionalidad y diálogo jurisprudencial sobre la democracia* 207

a.1. *Control de convencionalidad de la democracia* 210

a.2. *Control democrático de convencionalidad* 217

b) *La teoría de la coherencia funcional* 220

CONSIDERACIÓN FINAL 228

BIBLIOGRAFÍA SOBRE DERECHOS HUMANOS 231

NOTA DEL AUTOR

Se plantean en los ensayos de este libro los desafíos que acusa la democracia como consecuencia de la invertebración actual de las sociedades hispanoamericanas, el secuestro de los aparatos estatales por neopopulismos autoritarios y su apoyo por jueces constitucionales que vacían de contenido democrático a las constituciones; en un contexto de globalización digital que diluye los espacios territoriales de los Estados, afecta las mediaciones institucionales, hace inmediatas las relaciones de poder a través de los medios de comunicación social y provoca una inflación en los derechos humanos de grupos que los trivializan, afectándose el sentido mismo del pluralismo democrático y su relación con la coherencia social que reclama la vida política. Se sugiere la reinvención normativa de la democracia sin pérdida de sus referentes esenciales, pero adecuándolos a las realidades distintas que plantea el siglo XXI, comenzando por lo esencial: el restablecimiento del tejido social bajo un denominador común que sea sensible a los valores democráticos, en modo tal que se refleje en las nuevas categorías constitucionales que deban ser formuladas.

Agradezco, de manera muy especial, la lectura y las observaciones que hicieran al texto original mis muy dilectos amigos, el jurista e investigador Diego Valadés, del Instituto de Investigaciones Jurídicas de la Universidad Nacional

Autónoma de México (UNAM) y antiguo Procurador General de la República; el escritor y analista de opinión Héctor E. Schamis, del Programa de Democracia y Gobierno de Georgetown University (Washington, D.C.); y el profesor y constitucionalista Jesús María Casal, ex Decano de la Facultad de Derecho de la Universidad Católica Andrés Bello de Venezuela e Individuo de Número de la Academia de Ciencias Políticas y Sociales, con quienes quedo comprometido.

PRÓLOGO

Recibir de parte de Asdrúbal Aguiar una invitación a escribir el prólogo de una de sus obras es un honor, aceptarla es una insolencia. La conjugación que encontramos en sus escritos de exquisita prosa y gran erudición comprometen la calidad de cualquier otro texto adyacente. Pese a ello, y dado que el aprecio puede más que el pudor, me aventuraré a cumplir con tan honroso cometido.

Mi aprecio por Asdrúbal precede el inicio de nuestra amistad. Conocí de sus méritos profesionales, políticos, y académicos mucho antes de disfrutar de su extraordinaria condición humana. Como abogado de sólida formación me beneficié, en tanto ciudadana de este hemisferio, de su brillante desempeño como Juez de la Corte Interamericana de Derechos Humanos. Como político venezolano que ocupó los cargos de Ministro de Relaciones Interiores y de la Presidencia y de Gobernador de Caracas, aprecié en él un estilo de liderazgo consistente e íntegro que contribuyó a afianzar mi compromiso con el servicio público. Como académico y distinguido Miembro de la Real Academia Hispanoamericana de Ciencias, Artes y Letras de España, de la Academia Internacional de Derecho Comparado de La Haya, y de las Academias de Ciencias Morales y Políticas y de Derecho y Ciencias Sociales de Buenos Aires, he disfrutado de sus escritos y conferencias. Pero el mayor provecho lo he derivado de una amistad forjada en la lucha por la restauración de la democracia y la libertad en su querida Venezuela, de la cual ha sido valiente activista, lúcido ideólogo, y eficaz coordinador de la iniciativa IDEA, el mayor grupo de expresidentes demócratas de las naciones de Iberoamérica trabajando por la causa de la democracia.

Es quizás por saberse poseedor del don de la escritura, que el autor cierra esta obra con la cita latina "Verba volant, scripta manent" (las palabras vuelan, lo escrito permanece). Enhorabuena esta nueva herencia escrita que nos deja Asdrúbal y que quedará registrada como una obra relevante de la filosofía y la ciencia política latinoamericana en torno a temas de gran trascendencia y que ocupan un lugar central del debate público contemporáneo, ante las preocupantes tendencias que se observan en el complejo escenario mundial, y no sólo regional, sobre el estado de la democracia. La publicación es por lo tanto, y ante todo, una obra indispensable y pertinente a la época en que nos encontramos.

En sus informes anuales sobre el estado de la democracia en el mundo, la Unidad de Inteligencia de la revista *The Economist* ha venido describiendo la situación a nivel global como una de "recesión democrática". A partir del análisis de cinco variables -proceso electoral, funcionamiento de gobierno, participación política, cultura política y libertades civiles-, este estudio observa un deterioro continuo en la mayor parte de las democracias del mundo desde el año 2010, incluyendo democracias antiguas como en Europa Occidental y Estados Unidos. Entre las variables que registran una mayor erosión se encuentran las libertades civiles, especialmente la libertad de expresión, condición esencial en el funcionamiento de las democracias. En este mismo sentido, la organización *Freedom House* en su más reciente informe confirma una tendencia de doce años consecutivos hacia el deterioro de derechos políticos y libertades civiles en el mundo, que la lleva a afirmar que "la democracia está en crisis" y que los valores fundamentales asociados a la misma "se encuentran bajo ataque y en situación de retirada a nivel global."

Estos escenarios van de la mano del resurgimiento de liderazgos de corte populista y autocráticos que, con su retórica y sus acciones, debilitan las libertades políticas y civiles y atentan contra los principios fundamentales de un sistema democrático como la independencia de poderes y el estado de derecho. También tienen lugar en el marco de una creciente desafección ciudadana con las instituciones de la democracia representativa y una mayor anuencia a tolerar sistemas de gobierno no democráticos. Recientemente, el *Pew Research Center* constata que tan sólo un 23 por ciento de los ciudadanos incluidos en un estudio de 38 países de todas las regiones del mundo, se pueden considerar como comprometidos con la democracia representativa, mientras que el 47 por ciento muestra un débil compromiso con esta forma de gobierno en tanto están dispuestos a aceptar alternativas no democráticas tales como gobiernos conducidos por tecnócratas, autócratas o juntas militares, finalmente un 13 por ciento rechaza abiertamente formas democráticas de gobierno.

Entre las regiones que este último estudio contempla, América Latina aparece entre las tres con más bajos niveles de compromiso y apoyo a la democracia -19 por ciento en promedio-, las otras dos son África y Asia con 18 por ciento y 15 por ciento, respectivamente. En un análisis más detallado de nuestra región, los estudios del *Latinobarómetro* confirman las tendencias anteriores y cataloga el actual escenario institucional de "deterioro creciente y sistemático de la democracia". Según los datos más recientes publicados por este organismo, la satisfacción con la democracia ha caído por cuarto año consecutivo pasando de 34 por ciento en 2016, a 30 por ciento en 2017, y agrega que, en

10 de los 18 países, más de dos terceras partes de la población está insatisfecha con la democracia.

Los datos de estos estudios que procuran ilustrar tendencias y describir coyunturas, adquieren sentido explicativo en la obra de Asdrúbal, tanto por el riguroso ejercicio conceptual y de teorización que se plantea, como por el esfuerzo de contextualización histórica que se hace de la temática; en sus propias palabras "...se trata de mirar el bosque más allá de las turbulencias que vive la democracia..." (p. 32). Es así como en el primer capítulo nos invita a abordar una teoría normativa sobre la democracia a partir de un conjunto de elementos conceptuales que desglosa con gran nitidez intelectual; lo hace teniendo como referentes dos instrumentos normativos fundamentales de nuestro ordenamiento regional: la Carta Democrática Interamericana de 2001 y su predecesora la Declaración de Santiago de Chile de 1959. A partir de estos dos referentes y de la mano de los más respetables estudiosos de la democracia, logra desmenuzar los conceptos y principios trascendentales contenidos en dichas fuentes y poner en evidencia las limitaciones que experimentan frente a realidades cambiantes, y la deformación a la que han sido sometidos en diversos momentos del acontecer político e institucional de nuestro hemisferio. Sobre este último particular, propio de quien ha conocido no sólo la manipulación política y retórica de los valores asociados a la democracia, sino también las dramáticas consecuencias de dicha manipulación, Asdrúbal arremete con razonados argumentos, en contra del "neo-populismo autoritario" que cobijado en la bandera del "Socialismo del Siglo XXI" trastocó los contrapesos constitucionales al poder político, cooptó los medios de comunicación y se arropó en la apariencia de elecciones libres y gobiernos mayoritarios, dejando dramáticas secuelas dogmáticas, políticas y sociales.

El autor también nos recuerda la importancia que tiene la historia para el análisis de la evolución de los fenómenos políticos y sociales. Así lo hace en el segundo capítulo de la obra, donde realiza un riguroso recorrido histórico sobre la evolución de los derechos humanos y sus mecanismos de promoción y tutela, el cual resulta especialmente esclarecedor de los principales dilemas que se están planteando en el debate contemporáneo sobre la ampliación de los derechos de las personas. La relectura a la que nos invita Asdrúbal sobre el tema tiene la virtud de avivar el debate y dejar planteadas un conjunto de preguntas que ayuden a dar coherencia a cualquier ejercicio serio de reflexión. Por lo demás, su inclusión es un claro recordatorio de que el ideal democrático está indisolublemente unido a la realización de los derechos humanos.

Finalmente, la obra de Asdrúbal no se queda contenida en sí misma, se desborda y aspira a tener consecuencias más allá de lo teórico-conceptual, planteándose preguntas como las siguientes: "¿Cómo podemos producir cambios sin violencia, aferrados a una cultura de paz; qué acciones cabe realizar como representativas de las aspiraciones del pueblo; cómo controlar los abusos de quienes detentan el poder o se les puede capacitar para que produzcan las acciones del cambio necesario sin violencia; cómo puede tener voz ese demos para legitimar acciones y a sus realizadores, o a través de qué proceso esa misma voz –la del pueblo– se organiza, debate correctamente, lo hace cabalmente informado, y logra conclusiones claras, constructivas y durables?" (p. 33). Para responder a estos interrogantes que mantienen hoy el debate abierto con más preguntas que respuestas, el autor justifica el sentido de su obra al recordarnos que ante todo debemos ser capaces de comprender la "naturaleza del cambio" que está teniendo lugar, o la "ruptura epistemológica" que se está produciendo y que obliga a replantearse los conceptos de democracia, Estado de derecho, derechos humanos y sociedad civil; en palabras del autor, debemos "imaginar otras categorías constitucionales, para mejor comprender las realidades del momento."(p. 50). Para avanzar en esa dirección y como quien anticipa el riesgo de que el debate se descarrile, el autor deja puestas las señales que han de marcar el camino hacia la reinvención conceptual a modo de "postulaciones normativas mínimas" siendo éstas: la democracia como derecho humano colectivo, la democracia como derecho y servicio a la verdad, la democracia como representatividad de lo social, y la democracia como realización de la justicia y garantía de su coherencia.

En momentos como los que vive la democracia, es difícil no rendirse ante el escepticismo y el pesimismo. Asdrúbal, sin despegar los pies de la realidad la cual nunca pierde de vista pese a sus encumbramientos intelectuales, apuesta por una hipótesis más bien optimista en tanto nos señala que la llamada crisis de la democracia, "…puede estar indicando, aguas abajo y a profundidad, el manido desencanto general de la gente con la política; pero en lo positivo, a lo mejor expresa, vuelvo a repetirlo, el reclamo de la gente por una mejor calidad de la democracia y de la política." Esta obra es, por consiguiente, un referente necesario no sólo para los estudiosos de las instituciones políticas, sino también para los políticos mismos. Es una obra que nos plantea el reto de avanzar hacia una teoría normativa de la democracia, pero también de hacer de la praxis política un compromiso permanente con la mejora de la calidad de la democracia.

Laura Chinchilla

Ex presidenta de la República de Costa Rica

Vicepresidenta del Club de Madrid

I
¿CALIDAD, MUTACIÓN O FINAL DEL TEATRO DE LA DEMOCRACIA?
(Elementos para una teoría normativa)

"El problema de la época actual no es la falta de reconocimiento retórico de fórmulas de legitimación democrática sino la confusión de sus postulados". Ulrich Rödel et al. *La cuestión democrática*, Huerga y Fierro, Madrid, 1997, p. 33

"...queda claro que no se dará respuesta a los graves problemas de gobernabilidad y de representación únicamente mediante la reforma constitucional o la ingeniería institucional... Por todo ello, en el previsible siguiente ciclo de cambio institucional sería deseable que predominen las reformas basadas en una discusión cuidadosa, en la evidencia empírica y, sobre todo, alejadas de las prescripciones teóricas "puras" para sustentar las decisiones en una metodología histórica que comprenda la imbricación inevitable entre los tres sistemas: el de gobierno, el electoral y el de los partidos políticos". Daniel Zovatto, *Reforma política y electoral e innovación institucional en América Latina*, Cátedra Mezerhane/EJVI, Miami, 2017, p. 686

PRELIMINAR

A la caída del Muro de Berlín, en los países en los que cede la experiencia del socialismo real, se habla del tránsito hacia la democracia nueva. Surge incluso la llamada "transitología" –dentro de la jerga anglosajona– como disciplina encargada de estudiar las relaciones o sincronías que deben darse entre las sociedades civiles de la Europa oriental y sus predisposiciones mayores o menores a la democratización. La literatura ya es muy amplia en la materia y la inaugura la obra de O'Donell, Schmitter y Whitehead.

En nuestro caso, el del mundo Occidental, una parte de la prédica se empeña en celebrar lo que para ella es un dato de validez empírica, a saber, la final victoria de la democracia a secas o liberal por sobre su caricatura, la "democracia popular", plebiscitaria, populista, mientras que otra parte busca demostrar y hasta probar como realidad colectiva o social emergente el desencanto democrático. Lo que, en realidad, como lo prueban los datos que nos aporta la obra reciente de Van Reybrouck ¿Contra las elecciones?, más se refiere a la pérdida de confianza en las instituciones de la democracia que en el valor de la misma democracia, que es creciente y universal, aun cuando lo primero haya dado lugar a la demanda de "líderes fuertes" desvinculados de aquéllas, como de los partidos, en medio de una ruptura sobrevenida en el equilibrio necesario entre los principios de legitimidad y efectividad democráticas. El llamado Caracazo que ocurre en Venezuela en 1989 y el golpe de Estado de Hugo Chávez en 1992, son señalados como los emblemas protuberantes de la perspectiva del desencanto regional.

Lo cierto es que, en la lucha por el poder y al margen de las interpretaciones señaladas, así como los partidos políticos de nuestro tiempo se homogenizan, sufren de una grave pérdida de adhesión popular y hasta pierden sus identidades ideológicas para volverse meras maquinarias electorales, a nuestras sociedades las gana la enfermedad de la anti-política –en nombre de la política– y la invertebración, la pérdida del tejido que las ata; importándoles poco, a éstas y aquéllos, el sacrificio de los sacramentos de la democracia mientras ello signifique satisfacer necesidades reales de sectores no satisfechos o excluidos pero también expectativas profanas, sobre todo las exponenciales e individuales que son hijas de la misma globalización y su virtualidad, mudadas en derechos humanos emergentes y aupadas al paso por traficantes de ilusiones o gendarmes de nuevo cuño.

A propósito de la cuestión a la que se contraen las páginas que siguen, cabe decir que en el juego por la defensa de la democracia, cuyos estándares vemos relajados cada día sin que ello concite mayor escándalo en las mayorías "ciudadanas", se observa cómo más allá del accionar político que sigue en pie para el sostenimiento de la libertad, la vigencia del estado de Derecho, y la garantía de los derechos fundamentales de la persona humana, el verdadero desafío o reclamo que parece avanzar es el de la reinvención de la democracia; como si se tratase, incluso, de algo inédito —especie de utopía— para las generaciones del presente y con vistas al porvenir.

¿Se trata, acaso, de una apuesta o, mejor un planteamiento que, de entrada, no descarta, sino que obliga a poner sobre la mesa de la crítica abierta al dogma de las formas y contenidos de la democracia tal y como se las entiende a lo largo de la modernidad y pide verificar sus consistencias con las realidades distintas, sobrevenidas, que muestra el siglo en curso y son propias a lo inevitable? La inmediatez digital, el privilegio del tiempo sobre los espacios territoriales y las consiguientes desarticulación social e inflación de los derechos hasta hacerlos triviales, parece imponerlo como tarea inexcusable.

1. La Carta Democrática Interamericana: ¿Una respuesta adecuada?

Durante las dos centurias que nutren la experiencia de la república democrática en Hispanoamérica, sus teóricos, incluidos nuestros padres fundadores civilistas y quienes escriben las distintas declaraciones que al respecto adoptan nuestros primeros parlamentos o el Sistema Interamericano desde sus orígenes, tanto como los actores políticos que hoy bregan en los espacios públicos, sean los partidos o la sociedad civil, se han impuesto forjar la democracia allí donde no existe; fortalecerla donde se instala; y defenderla donde alcanza su consolidación y madurez. Pero en una mirada retrospectiva podría decirse que tal empeño, entre avances y retrocesos, por implicar procesos de final abierto atados a particularidades culturales, es el vivo reflejo del Mito de Sísifo.

A manera de ejemplo, antes de la caída de la Primera República en Venezuela y del momento en que el cesarismo militar caudillista toma senda ancha hasta el presente, su Congreso, integrado por hombres de luces, luego de debatir sobre la Constitución Federal que se darían en 1811 y fijar el régimen de las provincias o Estados que la componen, hace constar que éstas "no pueden ni deben separarse de los principios esenciales del gobierno democrático, como son la división de poderes, representación popular, y elección de empleos en los que deben estar conformes todos los Estados de Venezuela".

Si estrechamos el tiempo de la historia y nos situamos en la segunda mitad del siglo XX, podemos constatar que en las Américas los predicados de la democracia encuentran su especificidad cuando menos formal apenas ocurre el desplazamiento de nuestras dictaduras clásicas rurales o de extracción militar y se conquista la elección de los gobernantes a través del voto universal, directo y secreto.

La Declaración de Santiago de Chile de 1959, predecesora de la actual Carta Democrática Interamericana de 2001, nacida de la primera protesta contra la Cuba de Fidel Castro propiciada por los gobiernos de Panamá, Nicaragua y República Dominicana, cuando a la sazón es creada la Comisión Interamericana de Derechos Humanos, dispone sobre los estándares o principios de toda democracia:

1. El imperio de la ley, la separación de poderes públicos, y el control jurisdiccional de la legalidad de los actos de gobierno.

2. Gobiernos surgidos de elecciones libres.

3. Proscripción de la perpetuación en el poder o de su ejercicio sin plazo.

4. Régimen de libertad individual y de justicia social fundado en el respeto a los derechos humanos.

5. Protección judicial efectiva de los derechos humanos.

6. Prohibición de la proscripción política sistemática.

7. Libertad de prensa, radio y televisión, y de información y expresión.

8. Desarrollo económico y condiciones justas y humanas de vida para el pueblo.

De modo que, la versión procedimental de la democracia, que la reduce a lo electoral y al fenómeno de la decisión por las mayorías, es, entre nosotros, una antigualla desde el punto de vista normativo.

Los redactores de la Carta Democrática, por consiguiente, observando que llegado el siglo actual la dicotomía entre los gobiernos militares y los civiles de elección popular es desplazada por otra más peligrosa, sinuosa, a saber, la de gobernantes electos mediante el voto democrático quienes luego, en sus ejercicios y sin que encuentren resistencias sociales pétreas, prosternan la experiencia de la democracia y ponen de lado la mediación de sus instituciones, deciden, para lo sucesivo, por una estrategia promotora, defensiva y renovadora de los estándares de la democracia representativa.

Al efecto reiteran los elementos y componentes que consideran constantes en la democracia. Y si bien le hacen espacio a la idea novedosa de la participación ciudadana –con vistas a fortalecer la misma representatividad política y para canalizar la beligerancia social que toma cuerpo sobre el puente entre los dos siglos actuales– en una suerte de tour de force con el gobierno de Venezuela: eje actual del llamado Socialismo del siglo XXI o neopopulismo autoritario y en boga, se cuidan de impedir el intento de éste para que dicha exigencia –la denominada democracia participativa, evocativa de la "democracia directa"–desplace a la democracia representativa y su teleología.

En tal sentido, al prescribir que no basta el voto para afirmar a la democracia y al enunciar sus aspectos esenciales y fundamentales, la Carta vuelve sobre los predicados de la mencionada Declaración de Santiago y los sistematiza, contextualizándolos. Distingue esta vez entre la legitimidad de origen y la de ejercicio democrático; todo ello con el propósito claro –es la intención– de conjurar los peligros o amenazas tanto de la corriente "anti-política" como de los autoritarismos antidemocráticos, cuya primera manifestación regional tiene lugar en Perú bajo el gobierno de Alberto Fujimori.

Empíricamente, los elementos esenciales y los componentes fundamentales de la democracia, doce en total, alcanzan su confirmación y validez desde antes, a partir de 1987 y en más de 681 enseñanzas que fija la Corte Interamericana de Derechos Humanos hasta el presente (véase nuestro *Digesto de la democracia*), a propósito de casos y situaciones individuales en los que, para decidir, privilegia la interpretación democrática pro homine et libertatis respecto de derechos violados y convencionalmente tutelados.

A todo evento, más allá de lo normativo reiterado, la Carta innova esta vez al consagrar a la democracia como un derecho de los pueblos que los gobiernos han de garantizar. Su noción renovada, en efecto y sin dejar espacios para las dudas, subordina lo procedimental e institucional a lo material o sustantivo, a saber, considerar a la democracia –es nuestra opinión– como un derecho humano totalizante: Con lo que todas a una de las respectivas premisas, en lo particular los elementos esenciales de la democracia, a pesar de que apunten de conjunto hacia su reafirmación como régimen o forma de organización del poder, con vistas al comportamiento positivo o negativo que se espera tanto del Estado como de la sociedad en el campo de las libertades, mudan a fin de cuentas la naturaleza de la misma democracia.

La reafirmación del compromiso con la democracia y su celebración –que coincide con otro derrumbe, el de las Torres Gemelas de Nueva York por el terrorismo fundamentalista deslocalizado– no obstante, choca con la otra perspectiva antes enunciada, a saber, la de la constatación del desencanto democrático.

El Programa de las Naciones Unidas para el Desarrollo (*La democracia en América Latina*, 2004), a la par de sostener el agotamiento del modelo democrático representativo y coincidir con la idea socialmente reclamada de la "calidad de la democracia" –entendida como expansión de los derechos que trasponen los límites de la ciudadanía y afirman lo social, o la "ciudadanía social" para reducir desigualdades e inequidades– al término propone como tesis la vuelta a la centralidad y fortalecimiento del Estado, como único garante capaz de asegurar los derechos humanos y sus "nuevas generaciones". En otras palabras, la democracia se habría de legitimar en la idea del bienestar y el restablecimiento de las competencias debilitadas del Estado soberano, espacial o territorial, a pesar de ser hoy un artilugio decimonónico y fuente, bajo dicha concepción tutelar, de los autoritarismos personalistas o neopopulismos que han sido mencionados como fenómenos de actualidad.

Cabrá investigar, como ejercicio, más allá de los predicados de la Carta o de lo indicado en línea distinta por el PNUD, si el mito de la estatalidad o el culto de su poder por sobre la persona y el ciudadano representan o no un resabio inamovible de la cultura política hispanoamericana y para su concepción y reinvención de la democracia, vista la "desterritorialización" de la política como de los órdenes constitucionales en curso, a la que nos referiremos más adelante.

No esté el sitio, en todo caso, para abundar y menos concluir al respecto, pero cabe tener presente, sí, que nuestras raíces, desde nuestras auroras constitucionales, se oponen al predominio de las espadas en defecto de las luces, expresadas aquéllas, ayer y ahora, en el estado-centrismo y el hiper-presidencialismo, fuentes de nuestra debilidad democrática estructural o de la desfiguración de nuestra experiencia democrática.

La figura del "gendarme necesario" y el neopopulismo emergente se afirma u oculta ahora tras una reivindicación de la doctrina bolivariana, de la que hace apología el positivismo de inicios del siglo XX. Si bien, desde otra perspectiva, sería éste, el caudillo populista, el que, antes bien, renace en el presente con fuerza renovada –pero libre de las ataduras institucionales o mediaciones señaladas– ante el vacío que dejan el mismo Estado y la sociedad modernos y por virtud del marco de inmediatez digital que imponen la globalización y sus instrumentos a la vida política, social y económica contemporánea.

Volvamos, pues, a lo que nos ocupa.

En una rápida mirada de los elementos esenciales de la democracia constantes en la Carta Democrática Interamericana, que son cinco, se aprecia, con vistas a las realidades, que se encuentran trastornados en sus núcleos y contenidos, sin mengua de sus reiterados respaldos doctrinales y normativos por parte de la Corte. Y esos son datos objetivos a considerar.

(1) **El respeto de los derechos humanos**, cuya universalidad y núcleos pétreos como sus desarrollos progresivos han de ser reconocidos y garantizados por el Estado, una vez como éstos son particularizados socialmente y multiplicados exponencialmente hasta procurar o ser la consecuencia de la invertebración social y la expresión de un derecho emergente a la diferencia, pierde su fundamento original, a saber, que los derechos humanos nacen y se explican en la idea de la naturaleza humana compartida –todos los derechos para todas las personas– y por el ser el hombre, varón o mujer, lo que es, un hombre.

(2) **El acceso al poder y su ejercicio conforme al Estado de Derecho**, se desfigura tras una tendencia que, a la luz de lo anterior, es decir, la invertebración social y la inflación de derechos "socialmente particularizados", hace ahora de las leyes un bosque tupido para sostener las diferencias; fomentándose así la inseguridad jurídica al hacerse confusos los marcos de predictibilidad de la conducta de

las personas en el ejercicio de sus respectivos derechos y, de suyo, cediendo el principio a cuyo tenor todos somos iguales en la ley, ante la ley y en la aplicación de la ley.

(3) **Las elecciones libres y justas** se encuentran debilitadas en su fuerza decisional y son desafiadas, sea por el núcleo de lo democráticamente indecidible por las mayorías, sea, sobre todo, por quienes, alegando la primacía del Bien Común, relativizan las manifestaciones de la soberanía popular; o, por virtud del mismo acto electoral, que al ser tecnológicamente inextricable y sujeto para su lectura a aristocracias digitales, dejan de ser controladas por sus propios titulares, los votantes y los elegidos; tanto como al hacerse cotidianas y no periódicas, ellas, las elecciones, pierden su significación como instrumento de estabilidad y gobernabilidad democráticas a través de la crítica sosegada.

(4) **El pluralismo partidario y democrático**, al ser palmaria la indiferenciación que acusan los partidos bajo presión de un poder social difuso que, como realidad inevitable, los transforma en meros mecanismos del mercado electoral, y al mostrarse políticamente huidizo el elector contemporáneo, se ve desfigurado como elemento vertebral de la democracia; tanto que, el mismo pluralismo puede expresar ahora atomización política y social bajo el imperio de modalidades asociativas primarias que se resisten a compartir valores comunes constitucionalmente tutelados y se niegan a la otredad, fundamento de la naturaleza humana y de los derechos humanos que a ella se coligen.

(5) **La separación de poderes del Estado, como garantía de los derechos**, en fin, se ve condicionada por la presión de necesidades decisionales urgentes y consistentes con la velocidad de los cambios que se operan en las realidades sociales, económicas y políticas, en sus exigencias o antagonismos, sean globales o sean domésticos; y la inde-

pendencia judicial como el control constitucional de los actos del Estado, a la luz o por obra de todo lo anterior, sufre también y se debate entre lo ya señalado y el respeto a lo decidido por las mayorías o con vistas, antes bien, a la conciliación de intereses dentro de sociedades como las hispanoamericanas, cuyos tejidos se han roto y reclaman, si cabe decirlo, de un mínimo común constitucional que acote al pluralismo y la diversidad con vistas a la mencionada gobernabilidad en democracia.

Y si se trata de los componentes fundamentales del ejercicio democrático, dejando de lado la transparencia gubernamental y la rendición de cuentas, la primacía de la autoridad civil y el derecho a la participación, si consideramos, cuando menos, **la probidad, la libertad de expresión y de prensa** que es columna vertebral de la misma democracia y parte de uno de sus elementos esenciales: como el respeto de los derechos humanos, y **el respeto por la sociedad del Estado de Derecho**, cabe decir que: (a) al confundirse hoy el mundo privado con el público por hacerse público y sobreabundante el primero, el criterio de la utilidad personal trasiega hacia los ámbitos del bien común, relativizando el sentido de la honestidad administrativa; (b) al hacerse líquidas las fronteras entre ambos espacios, el acceso a la información desborda lo público para trastornar el derecho a la intimidad de las personas, aumentado la información de todos en manos de todos y todavía más de lo que resta del Estado y quienes lo controlan; (c) todo ello en una suerte de nueva realidad que, bajo el desbordamiento inevitable de los medios digitales −5,7 mil millones de dispositivos celulares usados globalmente hacia el año 2.020− y su disposición individual por las personas, trivializa el derecho de acceso a los medios de comunicación social y (d) hace de las sociedades civiles meros rompecabezas. Cada miembro suyo es un ciber-periodista, un emancipado narcisista, sin identidad social, ciudadana o política, incapaz de ponderar el efecto colectivo de sus informaciones o desinformaciones.

2. La perfectibilidad de la democracia

Antes de seguir adelante, pertinente es un alto a fin de aclarar perspectivas sobre la cuestión que nos ocupa en estas páginas.

La crisis de la democracia –el debate sobre su calidad, eventual cambio de naturaleza, o bien su final como experiencia política– responde a circunstancias históricas concretas, sin lugar a las dudas. Allí están el manido fin de la bipolaridad internacional, la caída del Muro de Berlín, el cambio de milenio, y el paso desde la era de los espacios, de las acotaciones geográficas de lo político, hacia la era de la liquidez social y su movimiento huracanado dentro de la sociedad digital, en donde el tiempo domina con sus signos virtuales –no más materiales– a ritmo de vértigo. Es decir, es como si la historia hubiese enterrado todos sus relatos dominantes, narrativas y cosmovisiones, no solo la democrática, negándolos en sus absolutos una vez como hace su ingreso el siglo XXI.

Cierto es que las verdades mineralizadas durante los siglos de la modernidad, ahora superada, están en el origen de los dogmatismos y sus totalitarismos, de las teleologías políticas que han amamantado las más aberrantes expresiones de la violencia, y siguen amamantando a los espíritus despóticos y fundamentalistas residuales de nuevo cuño. Pero igualmente es constatable que se agota o es magro ahora el tiempo para la controversia sustantiva, para la dialéctica democrática necesaria y el reposado decantar entre opiniones opuestas o diversas que faciliten el mínimo de certidumbres que reclama la decisión pública individual y colectiva; obviándose, al paso, lo que nos ganamos o logramos reivindicar con dicha modernidad los pueblos del Occidente, a saber, la razón como fundamento de lo humano y su inmanente dignidad. Y he allí, entonces, lo que permanece en el hombre más allá del tiempo por serle inherente, a saber, su libertad, su raciocinio, su memoria, su imaginación. Libertad para actuar y decidir racionalmente, tener raíces que le impidan ser objeto de la manipulación o el juego de las circunstancias, en fin, forjarse un proyecto de vida.

La cuestión es que, como atinadamente lo plantea Pedro Karczmarczyk (2016), "la crisis de los grandes relatos, es decir de aquellas formas de narrar la historia teleológicamente, con un comienzo, desarrollo y fin, donde un estado normativo funcionaba como causa final, dio lugar a formas de pensamiento marcadas a fuego por el rechazo de los grandes relatos, [y se]... trata de formas de pensamiento que enfatizan la finitud humana, sus límites, formas de pensar que se quieren modestas, limitadas en sus pretensiones", relativistas en suma.

Mas, al cabo, es eso lo que ocurre y describe la propia crisis de la democracia a la que se le sobrepone el quiebre de los universales, de los mínimos de identidad social y política y propósitos normativos que al menos den cuenta de lo invariable, de que todos a uno hacemos parte del género humano y todos a uno poseemos una igual condición y derechos fundamentales que se coligen a ésta; con lo que a todos y no solo a unos, por defecto de relatos comunes se nos transforma –he aquí el argumento o línea transversal que se hace evidente en este libro– en huérfanos dentro de la muchedumbre, en parias de la globalización, en indignados de la arbitrariedad, a cuyo efecto manejamos arbitrariamente el campo de nuestros derechos. No por azar, todos a uno reclaman en lo adelante derechos particulares, sus diferencias, el derecho al legítimo desconocimiento de la otredad y ponerle distancia, en manifiesta negación del sentido teleológico "de los mínimos" en la democracia, del reconocimiento y respeto de la dignidad humana.

Es obvio que las proposiciones teóricas, sobre todo las políticas, tienen su momento, han de ser pertinentes al contexto histórico que las pueda receptar y realizar concretamente: "Lo que hago es la historia de la manera en que las cosas se problematizan; es decir, la manera en que las cosas se vuelven problemas", son las palabras de Focault que toma el citado autor. Pero Focault, en su Arqueología del saber (1970), es preciso, del mismo modo y mirando a la historia de lo global, al decir que esta implica "restituir la forma de conjunto de una civilización, el principio – material o espiritual – de una sociedad, la significación común a todos los fenómenos de un período, la ley que da cuenta de su cohesión, lo que se llama metafóricamente el "rostro" de una época".

La construcción de otra normatividad, que explique y le otorgue direccionalidad a la democracia, al estado de Derecho, y a los derechos humanos en otra clave, empujándolos hacia sus derroteros, no excluye el sentido de la realidad histórica; porque la democracia y su perfectibilidad como experiencia de lo humano tienen lugar dentro de la historia. Como carecería de realidad o efectividad cualquier normatividad que sea obra exclusiva de la razón pura, como nefasta por negarse a la citada idea de la perfectibilidad sirviendo a la cotidianidad, siendo el mero subproducto de los problemas históricos y sus desviaciones. Ambas dimensiones – la sociológica e histórica y la normativa – se reclaman una a la otra, pero alcanzan su exacto sentido humano-universal, sin riesgos de totalitarismos, cuando se les corrige, a la luz de la dimensión de la Justicia, es decir, según el principio ordenador pro homine et libertatis.

Es, justamente, lo que medra a la espera de una formulación ex novo o para la renovación de la idea de la democracia bajo la imagen, que repetimos en el libro y copiamos de Whitehead, del ancla de la nave que conserva sus movimientos dentro de la circunferencia que esta le permite.

Sea cual fuere, al final, la perspectiva que domine, Daniel Zovatto, politólogo argentino, quien no sólo se abre, sin complejos, sino que incita a un debate de fondo y realista sobre parte de lo antes mencionado en su obra reciente sobre *Reforma electoral e innovación institucional en América Latina* (2017), salva lo esencial a su entender:

> "…es precisamente este derecho a la democracia representativa, en los términos conceptualizados por la Carta Democrática Interamericana, el que como ciudadanos de América debemos reivindicar, promover, exigir y defender de cara a los nuevos desafíos y peligros que la democracia enfrenta en nuestra región".

"No existen democracias consolidadas", agrega, para luego remitir a las enseñanzas de la doctrina: "La democracia, a decir de Sartori, antes que nada y sobre todo es un "ideal". Pero también, como acertadamente lo dice Touraine y cabe agregarlo, es un "trabajo". Es, en definitiva, como lo expresa Dahl, una "construcción permanente" que hay que reinventar, recrear, perfeccionar y defender todos los días". Eso sí y como lo creo, sin que la reinvención se aleje de su hondón primigenio, pues la democracia ha de tener siempre un pie o anclaje principista como lo he señalado. Su fuente original inamovible desde la Grecia de Pericles reza así:

"Tenemos un régimen político que no envidia las leyes de los vecinos y somos más bien modelo para algunos que imitadores de los demás. Recibe el nombre de Democracia, porque se gobierna por la mayoría y no por unos pocos; conforme a la ley, todos tienen iguales derechos en los litigios privados y, respecto a los honores, cuando alguien goza de buena reputación en cualquier aspecto, se le honra ante la comunidad por sus méritos y no por su clase social; y tampoco la pobreza, con la oscuridad de consideración que conlleva, es un obstáculo para nadie, si tiene algún beneficio que hacerle a la ciudad. Practicamos la liberalidad tanto en los asuntos públicos como en los mutuos recelos procedentes del trato diario, y no nos irritamos con el vecino si hace algo a su gusto, ni afligimos a nadie con castigos, que no causan daño físico, pero resultan penosos a la vista. Y así como no nos molestamos en la convivencia privada, tampoco transgredimos las leyes en los asuntos públicos, sobre todo por temor, con respecto a los cargos públicos de cada ocasión y a las leyes y, entre éstas, particularmente, a las que están puestas en beneficio de las víctimas de la injusticia y a las que, aun no escritas, conllevan por sanción una vergüenza comúnmente admitida".

Esto se lee en la oración fúnebre que recoge Tucídides en la *Historia de la Guerra del Peloponeso* que escribe, a cuyo efecto Licurgo, gobernante griego, propone un entramado orgánico, léase una constitución mezclada que permita los equilibrios y balances, que facilite la participación social y atenúe las desviaciones o corruptelas de la democracia que llevan por nombres despotismo, oligarquía, violencia. Lo contrario, en efecto, no sería democracia sino su caricatura; o la sería, pero en su versión pervertida como oclocracia, denunciada por el propio Aristóteles.

3. *El estado de la cuestión democrática y la "post-democracia"*

En Hispanoamérica, sin mengua de sus particularidades, no sólo entre nosotros o en países distantes de nuestra geografía al apenas iniciarse el siglo surgen, lo hemos dicho, populismos electivos disolventes de toda forma de agregación social o institucionalidad política; que se afincan sobre las redes sociales y la propaganda de masas a fin de sujetarlas como audiencias embobadas en un teatro de prestidigitadores que simulan realidades, incluidas las constitucionales y legales; y que usan a la democracia para vaciarla de contenido, mudando los actuales gobernantes, como puede apreciarse, en jefes de redacción de la prensa cotidiana, sea para censurarla o acallarla, sea para descalificarla y hacerse oblicuamente de sus espacios hasta confiscarle su poder articulador de lo social. Es este otro dato palmario de la realidad.

No por azar, en las experiencias conocidas –otra vez– de Venezuela, Bolivia, Ecuador, e incluso en la Argentina de los Kirchner, sus gobernantes neo-populistas se empeñan, desde los inicios de sus gestiones, en una guerra encarnizada contra los periodistas y editores de medios; siendo el propósito manifiesto –imposible de simular tras la prédica del respeto al derecho de los lectores o las audiencias– de sustituir a éstos como forjadores y articuladores de la opinión pública. Y para debilitar la función contralora de la vida gubernamental por la prensa independiente, y al término construir hegemonías comunicacionales de Estado que aseguren la estabilidad del modelo autoritario competitivo en cuya forja se han comprometido, tales gobernantes hacen punto de honor el dictado de leyes punitivas para el control de los contenidos de la información. La ley venezolana sobre responsabilidad social en radio y televisión de

2004, reformada en 2010 para incluir a los medios electrónicos, es el boceto o modelo de base sobre el que se construyen las primeras.

Tal fenómeno, en su novedad aparente y por ser reedición de prácticas totalitarias históricamente conocidas, visto desde un ángulo distinto es el ariete, la causa y no la consecuencia que catapulta el empeño en curso comentado, a saber, el de la renovación que se demanda de la propia democracia, el Estado de Derecho, la protección de los derechos humanos, con vistas a las coordenadas distintas e inéditas del siglo XXI.

Pero no es del caso, ante estas consideraciones, despachar el discurso, enumerando simplemente los desafíos que hoy tienen ante sí la sociedad civil y sus integrantes para defender a la democracia, restablecer la textura de las relaciones entre las partes o nichos que la mudan en colcha de retazos, conjurar el morbo de la corrupción y la falta o abuso de representatividad política que la irrita y es causa de su desencanto, e imaginar los odres nuevos y adecuados para el relanzamiento de la decencia dentro de la vida política.

Ante lo evidente, cabe repetirlo, lo prudente es marcar distancia como lo recomienda Ortega y Gasset e ir al fondo de las cosas: "La misión de los árboles patentes –dice Ortega– es hacer latente el resto de ellos, y sólo cuando nos damos perfecta cuenta de que el paisaje visible está ocultando otros paisajes invisibles nos sentimos dentro de un bosque".

Y de eso se trata, de mirar el bosque más allá de las turbulencias que vive la democracia o su prostitución actual a manos de gobernantes que se dicen alineados en Hispanoamérica con el socialismo del siglo XXI, un parque jurásico signado por la doblez y el cinismo, apenas disimulados tras el vértigo del telón digital y globalizador. O como dice Gurrutxaga, la cuestión es que ahora "podemos definir a la política de nuestro tiempo como la problematización de lo evidente, como si la politización dependiese de interrogar todo lo que está dado, todo lo que parece obvio y rutinario".

¿El desafío actual de la democracia –cabe nos preguntemos entonces junto a éste y a Dahrendorf– es acaso distinto del que la anima en el curso de su experiencia histórica? ¿Cómo podemos producir cambios sin violencia, aferrados a una cultura de paz; qué acciones cabe realizar como representativas de las aspiraciones del pueblo; cómo controlar los abusos de quienes detentan el poder o se les puede capacitar para que produzcan las acciones del cambio necesario sin violencia; cómo puede tener voz ese *demos* para legitimar acciones y a sus realizadores, o a través de qué proceso esa misma voz –la del pueblo– se organiza, debate correctamente, lo hace cabalmente informado, y logra conclusiones claras, constructivas y durables?

Son asuntos, todos éstos, de importante consideración, a la luz, repito, del cambio de paradigma de civilización que nos tiene como testigos. Pero lo primero es lo primero, es decir, comprender cabalmente la naturaleza del cambio, de la ruptura epistemológica que lanza al desván de la historia todas nuestras concepciones o aprendizajes sobre la democracia, el Estado de derecho, los derechos humanos y la misma sociedad civil.

De modo que, la crisis abierta o el relajamiento de la democracia en Hispanoamérica, acaso puede estar indicando, aguas abajo y a profundidad, en lo negativo, el manido desencanto general de la gente con la política; pero en lo positivo, a lo mejor expresa, vuelvo a repetirlo, el reclamo de la gente por una mejor calidad de la democracia y de la política.

Los síntomas recientes de aquél se acumulan sin solución de continuidad. Baste señalar, en lo inmediato, la caída del gobierno lulista en Brasil por hechos de corrupción y el argumento del golpe de Estado judicial por sus afectados, Lula y la Rousseff; la pérdida del referéndum por el presidente Santos en Colombia y su práctico desconocimiento por éste; la destitución de diputados por el gobierno de Ortega y el despliegue de su nepotismo autoritario en Nicaragua, manipulando la Constitución; la asfixia de la prensa libre y la disidencia junto a hechos graves de corrupción, incluida la electoral, por el gobierno de Correa en el Ecuador; la corrupción sistémica de los gobiernos en Guatemala; el acelerado deterioro económico y la ausencia de alternativas reales de poder en Bolivia; el fenómeno electoral de Trump, cuya legitimidad es cuestionada por la propia prensa y el establecimiento partidario; o en el extremo, la muerte de las elecciones, la hambruna oficialmente provocada, la anulación de las competencias de la Asamblea Nacional, el gobierno por decreto y bajo la ley marcial como la ocupación política del Tribunal Supremo de Justicia por Maduro en Venezuela, antes de instalar una Constituyente de facto al margen de la soberanía popular.

Dentro de la última perspectiva, la positiva, la fenomenología descrita puede sugerir o ser el síntoma citado –recogido tímidamente por los redactores de la Carta Democrática– de una mutación en la naturaleza de la propia democracia, acaso de su acelerada desestatización y/o "desterritorialización" y su radicalización intensa, al comprometer a sectores hasta ahora ajenos a la politización que rechazan al Estado y los partidos como cárceles de ciudadanía y piden ser agentes directos de sus participaciones en la política; y/o, probablemente, ser el anuncio del final histórico de la democracia formal representativa: de su cesación como sistema de gobierno y forma de organización del poder en la república, junto a la necesidad de una reinvención *ex novo* de lo democrático.

Algunos sectores intelectuales, desde inicios del presente siglo e incluso a partir de 1995, hablan de "post-democracia" como suerte de neopopulismo autoritario emergente que se niega a la mediación constitucional y se apalanca, para el ejercicio de la política y del poder –como hecho mesiánico y mediático, léase narcisista– sobre las redes digitales globales y la televisión; o que otros, entre quienes me encuentro, observemos la transformación de la propia democracia –vuelvo a insistir en ello– en "derecho humano totalizante" y de los pueblos, que los gobiernos han de garantizar, tal y como reza la Carta Democrática.

Se trata, por lo visto, de dos tendencias que corren en paralelo –la de la post-democracia o el neo-cesarismo populista, y la de la radicalización intensiva de la actividad política en manos de la sociedad civil no partidaria– y que aún no alcanzan ordenación o ajuste constitucional; dejando a salvo, en el primero de los indicados supuestos, los procesos constituyentes y las reformas constitucionales que, anclados sobre nuestros subterráneos culturales, tienen lugar también en Venezuela, Ecuador y Bolivia, a objeto de ponerle término al principio democrático de los gobiernos alternativos.

Ferrajoli, ante los trastornos demenciales que provoca el tiempo de la globalización en el ámbito de lo normativo y orgánico de la llamada democracia constitucional, demanda, por consiguiente, imaginar nuevas categorías constitucionales que alcancen reflejar de modo adecuado y eficaz esas inéditas realidades sociales y políticas, resolviendo sobre sus contradicciones. En la práctica, pide constituir otra vez a la democracia y la misma vida política, no solo reconstituirla como consecuencia de la crisis epistemológica que sufre y permanece en curso.

Durante los años del siglo transcurridos hasta el presente, avanzando en medio del mar proceloso de los reduccionismos políticos o de las emergencias sociales que hacen presa de nuestras naciones –sea en mis libros sobre *El derecho a la democracia* (2008) o el citado *Digesto de la democracia* (2014), escritos para dar cuenta de lo sabido, o en *La democracia del siglo XXI y el final de los Estados* (2014), para evidenciar el quiebre o insuficiencia de los referentes conocidos– machaco el planteamiento crucial y de base   –para el análisis actual de la cuestión democrática y explicar su idea de la "reconstitucionalización"– que formula el mismo Ferrajoli, discípulo de Norberto Bobbio.

Reza de esta manera:

> "De aquí se ha seguido una progresiva pérdida de relieve de los Estados, que se han revelado demasiado grandes para las cosas pequeñas y demasiado pequeños para las cosas grandes. Hecha excepción de algunas pocas potencias, el Estado nacional está perdiendo su autosuficiencia y exclusividad normativa en el plano jurídico, su soberanía en el plano político, su centralidad en lo económico. La crisis está determinada por la revolución en curso de las comunicaciones, la economía, la política y el derecho, un fenómeno que ha derribado las viejas fronteras estatales en todas estas dimensiones de la vida social, generando problemas dramáticos, ahora ya de forma irreversible supraestatales... [como el terrorismo, el narcotráfico, el hambre, las enfermedades, las perturbaciones ecológicas planetarias]. Se trata de problemas en gran parte irresueltos, a los que sólo puede hacerse frente mediante un cambio de paradigma del derecho como técnica de limitación de poderes y de garantía de la paz y de los derechos humanos".

Ferrajoli observa, así, los flujos y reflujos de nuestra historia. Recuerda el nacimiento de los Estados nacionales; luego la refundación de éstos bajo el paradigma de la democracia constitucional; seguidamente constata la universalización de un orden público internacional mínimo bajo el estatuto de Naciones Unidas, que es freno de las soberanías, como el mantenimiento de la paz, la solución pacífica de las controversias, y el respeto universal de los derechos humanos.

El caso es que, por una parte, el autor aprecia lo indiscutible y que es máxima de la experiencia, es decir, la fragilidad de nuestras organizaciones políticas y jurídicas nacionales, apenas útiles –y no siempre– para las cosas menudas cotidianas y la pérdida de soporte de un orden internacional que, dicho coloquialmente, transforma a las organizaciones multilaterales –como la OEA, la ONU, la Unión Europea, las mismas Comisiones de Derechos Humanos– en odres viejos e inservibles.

Tanto que, ora en lo externo, ora en lo doméstico, un lúcido escritor de las nuevas generaciones, politólogo y filósofo mexicano, César Cancino, se permite afirmar la muerte de la política o de la ciencia política luego de ponderar lo que ocurre con la democracia, sus instituciones y las esferas de la política en los dos últimos decenios: El cambio profundo en la estructura de nuestras sociedades, que se hacen líquidas, desbordan sus territorialidades y hasta despachan al baúl de los recuerdos a las organizaciones preeminentes de la participación política, como los partidos; el cambio del hombre y también del hombre político, que atiende no tanto a sus prioridades vitales, las propias o de los otros, sino a sus posibilidades virtuales, en las que privan la idea de "salir del paso" y el narcisismo comentado antes; en fin, la desideologización partidaria señalada, la membrecía política "inmaterial" o de circunstancia,

41

fluida, el privilegio –tanto como la inflación práctica– del voto para ganar puestos y el incremento de su costo de mercado como el debilitamiento de su verdadera finalidad democrática. Es ahora la política, en suma y según su atinado criterio, que ya adelantáramos y es respuesta a un estado de conciencia colectiva distinto, un medio de acceso social personal y no una alternativa para servir al bien común.

Es explicable, entonces, que en el fragor de los trastornos y vacíos colectivos e individuales –por incomprensión o por ausencia de una cosmovisión distinta o renovada acerca de la ciudadanía democrática– que causa nuestro pasaje desde realidades caracterizadas por el dominio de lo espacial y sus seguridades humanas, hacia la preeminencia del valor del tiempo y su precariedad, que empuja y también expulsa de su curso a las almas desprevenidas; es explicable, repito, que la circunstancia y hasta tanto se aclara el panorama del cambio en la vida planetaria que a todos nos empuja sin destino cierto, aparezcan los traficantes de ilusiones.

¡Y es que, como lo advierte bien el psiquiatra escocés Ronald D. Laing, fallecido en 1989, "vivimos en un momento de la historia en donde el cambio es tan acelerado que logramos ver el presente cuando este comienza a desaparecer"! El empresario Rupert Murdoch lo describe, señalando que "el grande ya no vence al pequeño, será el rápido venciendo al lento".

En síntesis, hasta ahora hemos conocido a la democracia como una forma de organización del poder y de realización de sus finalidades dentro de los espacios jurisdiccionales del Estado; teniendo a éste como molde dentro del que adquiere contexto o se expresa, sea como su premisa o como su consecuencia, la sociedad civil, la gente, en una palabra. Pero ese Estado, con forma de república democrática y acotado por límites físicos, y las armazones sociales que lo originan o son el producto de su experiencia como cabe repetirlo y es lo característico de Hispanoamérica, ha llegado, como lo creo, a su final.

Ha muerto el Estado y sus sociedades civiles pierden sus texturas. Así lo refiero en el último de mis libros citados para señalar que, en su defecto, sobre nuestros viejos territorios quedan legiones de ex ciudadanos indignados, huérfanos de identidad; todos a uno sirvientes de la tecnología digital globalizadora; todos a uno dictadores a su modo y sin cultura de la tolerancia, pues excluyen de sus redes y bloquean o le cierran sus nichos sociales a quienes consideran diferentes o molestos a sus ideas; unos, en efecto, que se desplazan sobre las autopistas de la información con espíritu egolátrico y logofobia, otros que se repliegan hacia sus patrias de campanario volviendo al estado de naturaleza que es la negación de la sociedad civil y para encontrar, allí, raíces en defecto de las del Estado o del partido, o del sindicato, o la asociación empresarial.

Se dicen los últimos, con legitimidad, ser parte de grupos originarios o primarios, afrodescendientes, defensores del ambiente o ecologistas, militantes de las más variadas ONG's, participantes de movimientos neo-religiosos o comunitarios, feministas o LBGT, proabortistas; pero todos a uno, huérfanos de vínculos, sin hilos de Ariadna que les otorguen direccionalidad y convergencia políticas sobre una base común específica y no abstracta de valores constitucionalmente compartidos. Todos a uno, incluidos los millennials, ya lo he dicho, reclaman el "derecho a ser diferentes", es decir, de negarse existencialmente a la "otredad".

En este orden, para agregar otro elemento de consideración sobre el tema, piénsese, a manera de ejemplo y para mejor comprender la significación de la indicada fractura epistemológica que pone sobre el tapete de la discusión la reinvención democrática, en los contenidos de la llamada "ciudadanía digital".

La misma desborda los muros del espacio y privilegia al tiempo, lo sabemos, pero lo que es más importante: lleva hasta el plano de lo público todo aquello que desde la Antigua Grecia hasta la modernidad se considera inherente al fuero privado o la intimidad de las personas. Pero el control de esa nueva esfera pública totalizante, creada por dicha "ciudadanía digital", practicada a través del periodismo subterráneo o de redes (Facebook, Instagram, Twitter, Snapchat), a la vez se privatiza e individualiza, desafiando incluso a los autoritarismos en boga. Lo privado deja de ser tal y se torna en esfera pública, y a ésta, es lo inédito, ya no la alcanza tutelar el funcionariado del Estado sino la propia gente; quedando sujeta al dominio y arbitrio de cada persona o particular, usuario de aquéllas.

Lo cierto es que tal dinámica política, más allá de lo simbólico y de su efecto social movilizador e instantáneo, no alcanza a fraguar instituciones, es decir, mal logra darle residencia ciudadana a la explosión de datos y de mensajes preocupados por lo político y lo político se reduce a lo instantáneo, a lo fugaz, a lo cotidiano, a 140 caracteres dentro de un Twitter.

Desde finales del siglo XX, sobre todo una vez como se afirma con premura la victoria del moderno Estado liberal de Derecho –esencialmente garantista y procurador de la relatividad del comportamiento ciudadano a tenor de sus derechos humanos fundamentales y dentro de un Estado minimalista– una vez ocurrido el fracaso de las democracias populares situadas tras la Cortina de Hierro, no pocos intentan justificar, por todo lo antes dicho, la búsqueda de una síntesis renovada o innovadora que evite la solución maniquea, por perjudicial para el Estado social y democrático, que es logro de nuestra contemporaneidad. Aun así, el primero y también éste viven sus horas menguadas, en especial el último, según lo afirma la literatura política alemana, pues, también por lo dicho y explicado, "ha convertido al individuo democrático en un simple cliente de las ofertas del mercado político". El ex ciudadano, a fin de cuentas, es Dios y señor de lo suyo, pero en lo inmediato inhabilitado para constituir y reinventar la democracia que, en buena lid, demanda en su calidad.

4. *Desandando la madeja del llamado desencanto*

Mirar hacia las fuentes que aseguren otra vez la identidad de las sociedades contemporáneas en su corriente liquidez; que atiendan a las exigencias del inmediato presente –que interpela con demandas acuciantes y desbordantes de la capacidad de respuesta por las instituciones conocidas y propias del siglo XX– y que no subestimen las cosas nuevas que plantea el porvenir, es obligante, cuando menos metodológicamente y a fin de no construir o reconstruir sobre el vacío.

"No se trata tanto de una cuestión de forma, como de una cuestión de fondo", que apunta probablemente hacia la reinvención de la democracia, vuelvo a insistir en ello; democracia que deja de ser simple método o procedimiento para la organización del poder y se transforma en comportamiento de vida, en derecho humano integrador de todos los derechos que han de ser garantizados y que demandan, por lo visto y según Ferrajoli, de otras categorías constitucionales pendientes de su formulación dentro de un repensado Estado de Derecho y de una nueva ponderación de los derechos del hombre –varón o mujer– y que se les identifique como derechos humanos legítimos por ser los inherentes al mismo hombre, como tal, hombre, expresión de lo uno, de lo único y necesitado de la alteridad.

Revisemos la cuestión más en detalle, apoyados en el pentagrama alrededor del que, aparentemente, se produce el torbellino democrático actual, a saber, el ya explicado fenómeno de la post-democracia o el gobierno mediático y sin mediaciones, que igualmente sugiere otro problema de fondo, como la pérdida de autonomía de la sociedad y del individuo bajo el peso del ciber-periodismo; la sociedad civil invertebrada o la pérdida del llamado "capital social" que como metáfora usa Whitehead y cuyo concepto elabora J. Coleman (1970) para dar cuenta de las relaciones sociales como recursos que ayudan a la gente a actuar con eficacia, siendo actualizado por Putnam para indicar lo ya señalado, su declive actual; la devaluación de la articulación social partidaria o sociedad política quizás por obra de lo anterior; la corrupción política –quienes piden dádivas bajo la mesa, lo diría Hamilton, para traicionar a quienes los han elegido– o la demanda de transparencia, que catapultan recién los escándalos de la Odebrecht y los papeles de Panamá pero no los dineros sucios del narcotráfico, con el que negocian la paz los actuales líderes de la democracia; y el mínimo constitucional que obliga a la gobernabilidad reinventada y comprometería a los jueces constitucionales sin mengua del pluralismo democrático.

a) *Entre el totalitarismo mediático y la ilustración de los millenials*

La emblemática obra de Zygmunt Bauman, *La sociedad sitiada*, hace una aproximación al argumento central que significa la mudanza actual de la prensa –columna vertebral de la democracia– desde su sitial de contralora y observadora del poder y a distancia del mismo y como expresión de la opinión pública no institucional en la democracia, a su nuevo rol como eje articulador necesario e inevitable del poder social y político dentro de la sociedad global de la información.

Nos hemos referido a ello al hablar antes de la post-democracia y sobre la tensión agonal, distinta de la clásica y conocida, que ocurre entre el poder político y los medios de comunicación social; al descubrir aquél que sin éstos no es posible ya contar con la voluntad popular ni realizar la gobernabilidad de nuestras sociedades. De allí la igual mudanza de los gobernantes en editores de opinión y periodistas de oficio, ya no solo para ser censores de la opinión y la información como a inicios de la modernidad, sino para, como tales y como lo hemos dicho antes, ejercer la función pública apalancados en los mismos medios de información propios de la sociedad digital, por su inmediatez y libres de mediaciones institucionales.

Pero la experiencia conocida de la democracia se ve así afectada por obra de lo anterior, por afectar el principio de autonomía social y personal indispensable para la misma democracia. No tanto por lo relativo al debate sobre si el mundo que nos llega a través del andamiaje digital es el real o el virtual o su simulacro, en razón de la velocidad y sucesión de datos e informaciones que ocurren acerca de dicha realidad, sino porque ello imposibilita el pensamiento, la racionalidad de los datos e informaciones que se reciben y son necesarios para la definición por cada "ciudadano" de sus opciones en lo político y en lo social e incluso para mensurar los efectos de la política en su vida individual.

Y como de lo que se trata ahora es de que el medio disponible –una televisión, un PC, un celular digital o una tableta– sea amigable, sostener la atención del ciudadano digital y cibernauta exige de éstos variedad en sus insumos, su brevedad y velocidad de suministro por razón de la misma realidad digital –piénsese en los insumos políticos– tornándose el conjunto noticioso en una suerte de casino. Bauman habla de la cultura de casino, en la que se cierra una partida y se abre otra sin tiempo para reparar o analizar sobre lo acontecido.

La política y la democracia, por consiguiente, son hoy obra de lo instantáneo y mediático. Lo que importa no es tanto el contenido, sino que el receptor de la información se sienta bien y a gusto, bombardeado con datos para sostener su atención. Y esa flexibilidad en los contenidos, y esa velocidad –el mismo ritmo narrativo de los noticieros de televisión lo indica– hacen muy compleja la construcción paciente de narrativas o cosmovisiones que aseguren estabilidad y gobernabilidad a mediano y largo plazo en la vida de cualquier ciudad contemporánea.

Lo dice bien, con fundamentos estadísticos, Van Reybrouck, cuando habla del fenómeno del "incidentalismo" – acaso obra de la misma percepción por parte de los políticos del elevado costo de deterioro que implica la gestión política en la actualidad y como consecuencia de las percepciones ciudadanas, más interesadas en la política no como el arte de lo factible sino como "el arte de lo microscópico"– luego de referirse a un informe elaborado al respecto por el parlamento neerlandés:

> "La interacción de la política y de los medios de comunicación parece ser un factor importante que explica el creciente incidentalismo de la política. Los medios viven de la noticia. En conversaciones con periodistas se ha observado que los incidentes llaman más la atención de los medios que los grandes debates que también se producen".

Por otra parte, como lo anunciáramos, el final de la separación entre la intimidad o el ámbito privado o privativo de las personas y el espacio de lo público, al haber decidido éstas –lo dice bien con su giro metafórico el mismo Bauman– "instalar micrófonos en sus confesionarios" y trasladar sus dramas personales u orfandades morales con sus lenguajes domésticos y coloquiales al quehacer y la preocupación colectivas, trastorna también el sentido y la finalidad de la política en la democracia.

La consecuencia no se hace esperar. "La sustancia de la política democrática (es decir, la manera de ser de una sociedad autónoma compuesta de individuos autónomos) es un proceso continuo de traducción simultánea: de los problemas privados en asuntos públicos cuando aquéllos adquieren relevancia colectiva, y de los intereses públicos en derechos y deberes individuales", dice el autor mencionado. Pero la operación que esta tiene lugar es ahora inversa, por lo que más pesa en la política el comportamiento privado de los líderes políticos que sus acciones orientadas a la resolución de los verdaderos problemas públicos.

En fin, la democracia de casino sobrevenida, la de usa y tire, la del chismorreo, empuja a los políticos y de suyo a la democracia, a ser y comportarse como celebridades u objetos de idolatría. La "política de vida" se idolatra en el político como en los actores de teatro, en función de sus haceres íntimos y los deseos colectivos de emulación de lo personal. No cuenta más el valor de los líderes que muestran un camino o un modelo de sociedad a seguir. Y como ocurre en el mundo del espectáculo, cuando la política deriva en ello, la durabilidad del político se hace precaria, pero a la vez es intensa. El tiempo y la consistencia la desgastan dentro de tal perspectiva, pues la política, en el siglo XXI corriente, viene ganada por el acontecimiento – lo que titula y es noticia, y como noticia fuerte sea capaz de concitar la atención antes de que otra la enfríe – que es, de suyo, la negación de la Política: función integradora de lo social y con vistas al Bien Común.

Queda pendiente, entonces, lo que tantas veces predica Ferrajoli, es decir, resolver la falta sobrevenida de correspondencia y sincronía entre la globalización digital y de la información, que es un imperativo, con la territorialidad o localidad aneja a la política, dentro del Estado, a objeto de que la misma vuelva a reconstituirse y le dé nueva portada, si cabe, a la democracia.

b) *¿Con qué se come eso de la sociedad civil?*

La sociedad civil, exponencialmente invertebrada, trastocada por la egolatría vocacional de las redes sociales cuando dejan de ser instrumentos y derivan en fines y absolutos, tiene ante sí, como desafío agonal, readquirir su articulación y "civilidad", es decir, encontrar su ethos cultural y ello es esencial, lo dice Luis Almagro, Secretario General de la OEA, pues "la sociedad civil es vital para identificar los problemas de la región... [y es] el motor del cambio democrático".

El caso es que dentro de tal concepto no pocos –en especial quienes se dicen representarla– suman de modo indiscriminado las más diversas expresiones asociativas, en lo particular cuando tratan de situarlas como una suerte de muro de contención frente al Estado, la política, los políticos, e incluso agregan, sobre todo, las manifestaciones sociales más variadas de la anti-política y que al término, sin ocultarlo, con ello buscan abrirse espacios dentro de la política en abierta confrontación competitiva con los partidos políticos, sustituyéndoles.

De modo que, para los fines que nos interesan, una primera línea delimitadora que cabe trazar sobre el mapa es la que sostiene que "para que se pueda iniciar una transición democrática debe haber una comunidad política receptiva a las aspiraciones democráticas". Y la condición es válida, pues la pregunta no huelga: ¿Es democrática la sociedad civil que hoy presiona con su presencia envolvente en los espacios públicos domésticos e internacionales, modulando e incluso imponiendo sus exigencias sobre las políticas públicas?

Debo señalar que en modo alguno puede generalizarse en la materia. Menos cabe tomar estas consideraciones como una oblicua y anticipada crítica a la sociedad civil. Sólo se plantea una reflexión al respecto.

La historia ilustra cabalmente sobre la realidad inexcusable de la sociedad civil y acerca de su papel esencial en el parto de nuestras repúblicas, como lo fueran las célebres Sociedades Económicas de Amigos del País en tanto que "cunas de nuevas formas de sociabilidad"

Si miramos hacia atrás ellas no son el resultado de un ejercicio meramente teórico o de plagio constitucional de lo ajeno en Hispanoamérica. La literatura regional ilustra de modo suficiente sobre nuestro dilema inaugural entre civilización y barbarie, sobre el intento de domesticación de lo político para sujetarlo a los moldes de nuestra vida rural y sus relaciones. No por azar la historia patria de nuestras naciones es la apología de los gendarmes necesarios o césares democráticos quienes trasladan al ejercicio del poder sus hábitos de hacienda heredados inmemorialmente y en donde el orden formal es eso, sólo formas y sacramentos que constitucionalmente se ajustan en la medida que necesita la visión bárbara –permítaseme decirlo así– del ejercicio del poder por parte de nuestros padres tutelares, buenos y fuertes.

Y acaso, entonces, lo que ahora plantea la difusa emergencia de la sociedad civil contemporánea, en el plano de lo público, sea o represente la demanda por una vuelta de la política hacia el campo profundo, del complejo y muy plural entramado de las relaciones sociales dentro de nuestros pueblos; probablemente por haberse roto, incluso, su vínculo con la sociedad política luego de que los partidos derivasen en diafragmas impermeables entre aquélla y ésta.

De modo que, la repregunta que con aparente tono de desprecio le hace en su momento, un periodista a quien fragua el actual orden constitucional venezolano, Luis Miquilena, en 1999, a propósito de la sociedad civil, adquiere suma pertinencia: ¿con qué se come eso?

¿De qué sociedad civil hablamos y cuál es la sociedad civil que intenta dibujar nuestros actuales espacios públicos en puja diaria con y frente a los partidos políticos venidos del siglo XX? ¿Es propicia tal sociedad civil a nuestra democratización o las exigencias de la democracia y la ciudadanía han de ajustarse a sus preferencias grupales o cosmovisiones primarias, no pocas veces fundadas en un derecho a la diferencia que niega a los diferentes?

Los teóricos de la sociedad civil recuerdan cómo, para algunos, el fortalecimiento de las clases medias, el sindicalismo, el protestantismo, la homogeneidad étnico-social, han sido proclives a la democratización como proceso; pero para ellos la cuestión es más compleja. Por ende, paradójicamente, prefieren trabajar otra vez como en el pasado con las categorías de incivilidad y civilidad para medir la tensión entre la sociedad civil y la ciudadanía democrática. Ello, por una razón elemental, como es que, a diferencia de lo que se cree, más allá del desempeño de los actores de élite –como lo precisa Lawrence Whitehead en su *Teoría y experiencia de la democratización*– una vez como se abre el teatro de la democracia la calidad de sus resultados depende en mucho de las percepciones ya instaladas en el público, a saber, de la cuestión de sus costumbres y prácticas –acaso la moral social que sujeta o condiciona a lo normativo– o las de circunstancia, propias al mundo de la información digital.

Pero si bien es difícil la universalización de la idea y el concepto de la sociedad civil como fuente de democratización –que fractura o al menos fisura o mejor precede a la cárcel de ciudadanía en la que han derivado muchos Estados y sus gobiernos– hemos de hacer un ejercicio actual, mirando las enseñanzas, para saber dónde estamos parados.

Para Hobbes la sociedad civil es la respuesta al peligro de la universalización del estado de naturaleza, sujeto a la jerarquía y tradiciones localistas primarias. Hegel la entiende como la resultante del fortalecimiento del comercio como un área distinta de la política, por ende, sujeta a las reglas del Derecho privado. Y en Tocqueville es la sociedad civil la que llena el vacío que deja la aristocracia una vez instalada la experiencia de la democracia. Hegel –lo recuerda Whitehead– ve a la religión dentro del campo superior del Estado, en tanto que Tocqueville la mira como una expresión voluntaria de la organización social. Y si para Marx lo que la expresa es la asociación de los trabajadores en sindicatos, Tocqueville, observando el laboratorio estadunidense, cree mejor que es el periódico local –como en la Caracas de 1811 o el Cádiz de 1812– el que une y le da textura a la realidad humana dispersa.

Si cabe una síntesis arbitraria de lo dicho, podemos decir que para el marxismo las entidades sociales que imagina no hacen relación alguna con la sociedad civil de Tocqueville, pues ésta, como reunión de asociaciones públicas voluntarias que permiten a los individuos cooperar en fines colectivos, vienen afectadas por el interés material propio, como distribuir libros, crear albergues, enviar misioneros, realizar fines educativos, etc. De modo que, al término, para Tocqueville la sociedad civil y la democracia tienen vínculos inherentes, en tanto que para los demás, resultan antagonistas.

En la práctica, los tiempos y sus exigencias nos han llevado a experiencias distintas esta vez, como lo creo, ya superadas. Cancino las recuerda. Hace énfasis en el período posterior a la Segunda Gran Guerra del siglo XX, durante el que la emergencia y fuerte instalación del Estado de Bienestar, le llevo al punto de tutelar a la sociedad civil –acaso débil e inexistente– y proveerla en sus aspiraciones; al que sigue luego, al hacer crisis el Estado de Bienestar, un espacio en el que adquieren vigor los llamados pactos sociales, el neo-corporativismo según el autor, que obliga a la deliberación y acuerdo entre el Estado, los empresarios y el mundo de los trabajadores, a objeto de sostener la democracia social mediante una responsabilidad compartida.

A la caída del Muro de Berlín, la insurgencia neoliberal por efecto de balanza ante el derrumbe comunista busca reducir la presencia del Estado y propiciar la desregulación, con ello la autonomía no contenida del entramado social, en lo particular el económico y financiero. Los dos últimos períodos, con sus matices y énfasis distintos, apostaron al fortalecimiento de las responsabilidades sociales de la sociedad civil. La opinión es de Víctor Pérez Díaz, escritor español de la obra sobre *La primacía de la sociedad civil*, y cuyo corolario no comparte Cancino, al advertir que el fortalecimiento del Estado de Bienestar no fue autogenerado sino el producto, justamente, de la presión de la sociedad civil.

Whitehead, cuya tesis comparto, prefiere señalar que "la sociedad civil también se desarrolla de modo desigual con el paso del tiempo sobre una lógica distinta a la de la formación del Estado", del espacio público; sin que me atreva a adjetivarlo para decir que se forma con una lógica distinta a la del Estado democrático.

Cabe, a esta altura y asumiendo como mera figura pedagógica la de la situación de la sociedad civil en un punto equis distante o de sincretismo entre el estado primitivo de naturaleza y la existencia del Leviatán, como materia, forma y poder de una república, intentar dar respuesta a nuestra pregunta repetida: ¿Con qué se come la sociedad civil?

En mi citado libro sobre *La Democracia del siglo XXI* hago una observación que es el producto del desafío planteado por Ferrajoli y que señalo al inicio de esta disertación, a saber, que es llegado el momento de imaginar otras categorías constitucionales para mejor comprender las realidades del momento, puesto que son distintas de las que hemos conocido –como la de la sociedad civil organizada– pero que por atarlas a los conceptos de lo conocido y de lo vivido hasta finales del siglo XX, nos impide en lo adelante un claro diagnóstico y la certeza de la terapéutica necesaria para sortear lo que sentimos a flor de piel: el desencanto democrático colectivo y en relación, asimismo, con los partidos junto a una paradójica intoxicación electoral sobrevenida dentro de sociedades dispersas; el relajamiento de la ley y su mutación cotidiana para la legalización de la ilegalidad; o la explotación del mundo de los derechos como si fuesen derechos exponenciales e infinitos, de consecuencia haciéndoseles baratos, meros mitos movilizadores y fragmentadores de lo social en manos de los traficantes de ilusiones que ejercen nuestros gobiernos.

Así las cosas, para la defensa de la democracia, su sentido necesario del pluralismo, y una efectiva lucha por la transparencia, cabe resolver, en el ámbito de la sociedad civil, el carácter fragmentario o celular que acusa actualmente el tejido o entramado posmoderno dentro de nuestras propias naciones, dando lugar a una miríada de cosmovisiones caseras que antagonizan entre sí, todas a una con pretensiones de universalidad y de acallar la voz de sus contrarias. El objetivo, así las cosas, es reconstruir el capital social, no tanto el que "une a personas iguales en aspectos étnicos, de sexo, edad..." sino el que, como lo afirma Putnam, tiende puentes entre "redes sociales que unen a personas desiguales", pues es el que tiende a producir efectos externos positivos. Y ese objetivo es un claro desafío, pues como asimismo lo destaca Pérez Díaz, "los cimientos de las redes sociales se apoyan sobre un terreno movedizo: el de las nuevas generaciones y el de las capas profundas de autoritarismo, resentimiento y miedo a la libertad que forman parte del carácter de las generaciones actuales".

c) *¿Hacia la ciudadanía digital y/o la "Uberización" de la política?*

La cuestión no es trivial, ni fácil de acometer. Por eso insisto en este fenómeno por resolverse, pues es como si ahora –por la pérdida de valor de lo territorial y la preeminencia del tiempo– el velo protector de la vieja polis o ciudad, de nuestra intimidad nacional y soberana, por insuficiente, hubiese caído para dejarnos en la desnudez total, diluyéndonos a los viejos ciudadanos en la muchedumbre. Incluso, nuestra intimidad y nuestras orfandades morales son ahora cuestión pública. Es como si al pequeño drama de nuestras existencias se le suma el drama igual de los demás hasta hacérnoslo propio y cotidianamente insoportable.

De allí, como solución en la transición y mientras llega la reinvención democrática, nuestra acusada vuelta a las cavernas, a las patrias chicas como también las llama e identifica Giovanni Sartori, uno de los más respetados teóricos sobre la democracia: suerte de regazo materno que aún nos protege y hace posible la vida introspectiva como políticamente inútil de nuestros contemporáneos. ¿O no es acaso esto lo que les ocurre a los sectores juveniles del mundo, en especial a las llamadas tribus urbanas, declinantes en sus curiosidades y excluyentes de todo aquello que no se les parezca, quienes prefieren vivir anestesiados y abstraídos bajo los audífonos de un minicomponente musical de última generación, como lo recuerda algún columnista argentino?

Sobre tal telón de fondo, Jean-Marie Guéhenno escribe en 1995 sobre el fin de la democracia, arguyendo que 1989, antes que cerrar el tiempo iniciado en 1945, superada la Segunda Gran Guerra, o en 1917, con la instalación del comunismo en Rusia, le pone fin a la era de los Estados naciones, se clausura aquello que se institucionalizó gracias a 1789. Y dice bien que la nación no tiene más definición que la histórica, es el lugar de una historia común, de comunes desgracias y de comunes alegrías, pero a fin de cuentas es el lugar dentro del que vive y se expande el fenómeno de la asociación de voluntades libres para propósitos sectoriales y colectivos.

Lo cierto es que en el tiempo de las relaciones globales que marcha con ritmo creciente, el territorio y la proximidad territorial pierden importancia. El mundo se hace más abstracto e inmaterial, y la nación está amenazada como espacio natural y del control político. Ha lugar a una suerte de "libanización" del mundo de la que no escapamos en Hispanoamérica; pues las comunidades se convierten en fortalezas y prisiones, a un punto tal que las líneas punteadas que separan a los Estados surgen ahora al interior de cada uno de nuestros Estados –sea el salvadoreño, sea el venezolano, ora el colombiano, también el español– sin que por ello mengüe la actividad relacional, incluso global, pero, eso sí, entre individuos semejantes por necesidades o en su indignación común y no entre diferentes, aun siendo compatriotas.

De la antigua ciudadanía política –lo sostiene Ghéhenno– nada queda y es un cómodo medio de manifestar mal humor hacia unos dirigentes. Durante dos siglos, en efecto, hemos pensado la libertad, léase la democracia, a través de la esfera política que había de organizarla, el Estado y los partidos. Y se ha entablado una carrera entre la difusión de la técnica a nivel global, que aumenta los medios de la violencia, y la difusión relacional del poder por obra de la atomización social o la ruptura del tejido humano que soporta a nuestros Estados Naciones, que desactiva esa misma violencia en una suerte de paradoja.

Ha lugar, en síntesis, a un cambio de ciclo en la historia de la civilización. Y ese es el dato conclusivo que ha de asumirse.

Más allá de su vocación mundial o de su consecuencia: el agotamiento del Estado y de su organización republicana, por impersonal y patrimonial e hija del espacio material, tiene por objeto y sujetos al individuo o a los individuos y sus grupos primarios, y a la Humanidad Totalizante. Deja en espera o sujeta a revisión a todas las formas sociales, geopolíticas intermedias y subsidiarias conocidas: las regiones, las provincias, las municipalidades y hasta las comunas. Los individuos quedan libres de ataduras y sujeciones asociativas, abandonan sus identidades ciudadanas o correspondencias con la patria de bandera y en paralelo pierden las seguridades que les aportan el propio Estado o sociedad política moderna. De suyo, en lo sucesivo medran solitarios, en espera de otras seguridades que sustituyan a las anteriores pero que no llegan con la urgencia reclamada. De allí el regreso a las cavernas, cabe reiterarlo, y los nuevos miedos o angustias que al igual que los sufre el hombre medieval hacen presa del hombre de nuestro tiempo.

La lección de este relato, en apariencia especulativo, no se hace esperar. Nos dice lo que George Orwell observa con presciencia en su novela de ficción política 1984, editada en 1949: la emergencia de una dictadura gris en el mundo. Pero igualmente indica que ingresamos sin percatarnos, como actores o espectadores, al teatro de la razón y del intelecto; por lo mismo, a un escenario proclive en teoría a la exaltación de la vida humana cuando se la entiende como algo más que mera expresión biológica. No obstante, lo cual, quizás por la premura de los sucesos en curso y la sobreabundancia de informaciones que acompaña al uso de los ordenadores y las redes satelitales, nos arrastra de modo tan violento que provoca una parálisis o dislocación de la voluntad individual y también social. Nos torna a la mayoría en escépticos escrutadores del presente e incapaces, por lo pronto, de hacer de nuestras concordancias una voluntad común y canalizarlas adecuadamente para beneficio del cambio efectivo e inevitable de las cosas planteado.

El asunto en cuestión reside en no saber qué nos espera o en nuestra sobrevenida incapacidad para detenernos y mirar con calma lo que nos rodea y reconocernos, mejor aún, como señores del mundo y de nuestro entorno; en suma, es nuestra falta sobrevenida de aldabones a los cuales asirnos fuertemente –como lo son, cabe repetirlo hasta la saciedad, nuestras identidades ciudadanas y sus garantías dentro del Estado– mientras logra sedimentar el tránsito hacia ese otro estadio de la vida humana más ganado para lo imaginario.

El dilema es que en la medida en que la nueva cosmovisión se afirma y llega con sus provisiones a buena parte del género humano y éste las recepta con ánimo crítico y constructivo, otra parte, la mayor cuota, o no tiene más opción que la servidumbre digital o dejarse arrastrar por las corrientes adormecedoras que fluyen vertiginosas por el ciberespacio, o mejor replegarse en el fundamentalismo de su ser primitivo o adquirido.

De modo que, he aquí lo central, a falta o por debilitamiento del Estado Nación y la mengua inevitable de sus correas de transmisión, como datos incuestionables, los poderes públicos y sus instituciones, la organización geopolítica vertical, los partidos políticos, la misma ciudadanía y el sentido de pertenencia que apareja, el hombre de nuestra Era sintiéndose moralmente abandonado, si corre con suerte puede dar un salto cuántico hacia planos de desarrollo personal integral nunca antes imaginados. Si usa de las ciencias de la información con criterio logofóbico y a ellas se ata apartando los conceptos y haciendo de los símbolos e imágenes computados la finalidad y no el medio para su realización personal en plenitud, antes bien puede moverse apenas hacia un estadio de alienación y neo-materialismo más gravoso que el precedente.

No es fácil saber cómo ha de resolverse la cuestión, pues la democracia es gobierno del pueblo "que corresponde" como lo precisa Dworkin: "Las personas quieren ser gobernadas por otras que sean relativamente semejantes a ellas". Pero ¿de qué manera se forja otra vez una comunidad política entre diferentes, acaso dividiéndolas aún más políticamente bajo nuevas figuras de base comunal, descentralizándolas humanamente y no geográficamente?

¿Acaso, a manera de ejemplo, reintegrando y articulando a las partes de la sociedad o a las militancias de los partidos bajo el sistema de negocios UBER, una suerte de orquesta sinfónica en la que las partes son esenciales al todo y ellas pierden valor y sincronía si se disocian de su plataforma digital o del director?

El autor citado, con buenas razones y sin desestimar el problema, le preocupa que la racionalidad en el trabajo al respecto genere otros malestares, en otros grupos minoritarios no contemplados en la reordenación de la sociedad civil con propósitos políticos. Esto, por lo visto, es lo que urge solucionar como prioridad reconstituyente, antes que todo lo demás.

d) *La corrupción, ¿un mal de ahora o de otros tiempos o más visible?*

En cuanto a la corrupción –"vicio de los hombres, no de los tiempos" según Seneca, me he preguntado si acaso ¿es– al igual que la pobreza crítica – mayor y lacerante como lo afirman los socialistas del siglo XXI para apuntalar su trucado regreso desde las cavernas y antes de que el flagelo del peculado los ponga luego al desnudo a ellos mismos, frente a los pueblos que han gobernado? Pienso que una y otra son más visibles e inocultables por obra de la misma globalización y el vértigo comunicacional de sus noticias. De nada sirve más, por lo visto, la censura de Estado y sus tribunales inquisitoriales. Pero no descarto, si lo que se busca es situar el fenómeno de la corrupción como variable de la crisis de nuestras democracias, la existencia, al respecto, de una zona gris, como lo es el uso de la corrupción – sin costo político alguno – como parte de las estrategias de lucha por el mismo poder político dentro del mercado electoral, y la realidad de la corrupción como un elemento que propicia el alto costo del mismo quehacer electoral en tiempos de globalización.

Atacar nada cuesta, en efecto, y llegar al poder sólo le es posible a quien tiene posibilidades de acceso material al mercado virtual de la política. Son cuestiones, por ende, que deben ser testeadas con la mayor seriedad. Sin dejar de apuntar sobre otro elemento que también la potencializa, como lo es, justamente, la ausencia de Estado y la falta de articulación moral de la sociedad, hecha hilachas y bajo dominio de lo políticamente correcto, del tolerantismo democrático en boga. Cuando Dios ha muerto, dice Zaratustra, todo es posible. El mismo Petronio se pregunta, en el siglo I ¿qué pueden hacer las leyes, donde sólo el dinero reina?

e)   *¿Dictadura de los jueces constitucionales?*

Finalmente, junto al tema de la invertebración de la sociedad civil y la corrupción, siguiendo al mismo Dworkin y sobre todo a Casal en lo institucional y recompuestas como sean las texturas de la primera – uniéndolas probablemente alrededor de valores superiores y en sus diversidades o desconcentrándolas políticamente, según lo dicho – es agonal reconsiderar el eje o la garantía de la estabilidad de lo que así sea reinventado o reconstituido, a saber, la justicia constitucional. Sin mengua, como es lógico suponerlo, de los procedimientos "reconstituyentes" de la democracia que puedan sobrevenir, y representando aquélla un espacio apropiado y prudente, en lo inmediato, para la elaboración de soluciones.

El asunto es vertebral y no solo actual y tiene su correlato en los procesos constituyentes que logran empujar –por entender a las circunstancias como propicias– los populismos autoritarios y personalistas que se instalan en Hispanoamérica con el socialismo del siglo XXI.

Junto al mencionado control de los medios de comunicación social, necesarios para la articulación coyuntural y utilitaria de las sociedades invertebradas sobre las que avanza la experiencia del mismo, la superposición de sus gendarmes de nuevo cuño por sobre el entramado constitucional democrático, exigía, como se demuestra en los casos de Venezuela, Ecuador y Bolivia, el igual control del aparato judicial, sea para que sirva al propósito político constituyente y su modelo de pensamiento único, sea para que purifique la ilegalidad que fuere necesaria al señalado objetivo.

No huelga observar, que en medio de lo inédito de la experiencia neo-populista de sesgo marxista que se impone en la región, su parentela con las enseñanzas del fascismo italiano no se hace esperar, pero a la vez es consecuencia del imperio de lo virtual por sobre lo real en la sociedad de la información.

El eminente jurista quien fuera catedrático de Milán durante la primera mitad del siglo XX, Piero Calamandrei, describe así lo que bajo el tiempo del Duce denomina la mentira constitucional:

> "Bajo el régimen fascista ocurre algo más profundo, más complicado, más impuro que la simple ilegalidad: es la simulación de la legalidad, la estafa, legalmente organizada, a la legalidad… [E]ste novísimo régimen es el gobierno de la indisciplina autoritaria, de la legalidad adulterada, de la ilegalidad legalizada, del fraude constitucional. En un régimen de tal naturaleza las instituciones se entienden no como aquello que está escrito en las leyes, sino por lo que dicen los entre líneas de éstas: y las palabras no tienen más el significado registrado en el vocabulario, sino un significado

distinto y a menudo opuesto al común, inteligible sólo para los iniciados... El sistema fascista resulta, en efecto, de la combinación de dos ordenamientos judiciales, uno dentro del otro, el oficial que se expresa en las leyes y el oficioso, que se concreta en una práctica política sistemáticamente contraria a las leyes... La mentira política, que puede sobrevivir en cualquier régimen como corrupción o degeneración de los mismos, en el caso del fascismo, desde el principio hasta el final, es el instrumento normal y fisiológico del gobierno".

De modo que, si bien en el caso de los populismos autoritarios o "dictaduras del siglo XXI, tal y como las califica el ex presidente ecuatoriano Osvaldo Hurtado, median hoy las mismas preguntas o cuestiones que desde antes se plantean distintos analistas alrededor de la Justicia constitucional, como su denunciado carácter antidemocrático –al no ser electos los jueces que la integran y/o por decidir éstos la nulidad de leyes que son aprobadas por mayorías democráticas– o, en línea distinta, acerca de su fuerza legitimadora de lo democrático por ocuparse de salvar los derechos de todos por encima del arropamiento electoral numérico que puede afectar a las minorías; lo relevante es que ha servido ella, en la práctica y en los países afectados por dichos populismos para vaciar de contenidos a la democracia, haciendo mutar las constituciones por sobre el poder constituyente e interpretando las normas constitucionales a la medida del proyecto político que gobierna y al que sirven los jueces: "Se habrían colocado progresivamente [los jueces constitucionales] del lado de las mayorías del momento a expensas de la voluntad constituyente", se lee en la tesis de Casal sobre *La justicia constitucional y las transformaciones del constitucionalismo*.

Dworkin –en *Justicia para erizos*– plantea el dilema entre la concepción mayoritarista, de base procedimental democrática y que no le pone límites a lo decidido por las mayorías, y la concepción asociativa, que privilegia al pueblo en su conjunto y preserva la condición de socios de todos los ciudadanos en la democracia, como límite a la fuerza numérica de los votantes. Y Casal, perfilando mejor la cuestión advierte, por una parte, sobre la necesidad de ver a la justicia constitucional no como un elemento o injerto extraño a la democracia y menos aislada de los procesos sociales, a cuyo efecto avanza respuestas a dos cuestiones que hacen relación con el argumento integral al que se contraen estas páginas.

La jurisdicción constitucional, dice el profesor venezolano, enfrenta como desafío el de la participación ciudadana, que se resuelve con sentido práctico, según él, a través de la creación de un mecanismo de diálogo fluido entre una jurisdicción constitucional democráticamente permeable y la dinámica legislativa en la que priva el criterio mayoritario; pero la cuestión quedaría, como lo observo, dentro del ámbito representativo del respectivo congreso y hoy falto de sincronía con la sociedad civil invertebrada. De modo que el autor tiene el tino de considerar la ruptura del pacto social mínimo sobre el que nace esa jurisdicción constitucional y "la diversidad político social" de nuestro tiempo, a cuyo efecto, le atribuye a la Justicia especializada la exigente tarea de "la articulación de esas sociedades plurales [desmembradas diría yo], lo cual sólo sería posible desde una verdadera distancia institucional respecto de tales mayorías" por parte de los jueces constitucionales.

5. *Las hipótesis de la crisis democrática y sus teorizadores*

Más allá de lo antes indicado, lo cierto es que, en síntesis y para sistematizar, se arguyen distintas hipótesis o se hacen reflexiones varias e inmediatas acerca de la democracia, a pesar del contexto de incertidumbre global que nos aqueja a todos y su complejidad. Éste, en lo inmediato, se muestra poco proclive a la democratización y, en lo inmediato, procura efectos demoledores sobre la estabilidad y viabilidad de las localidades humanas y políticas de carácter nacional, reunidas bajo el mismo Estado y como signos de un poder territorial y jurisdiccional en abierta declinación. Tanto que se habla, lo hemos dicho, de la "desestatización de la política".

En concreto:

a) Se afirma la pérdida de legitimidad de la democracia representativa, que algunos consideran teóricamente incompatible –el asunto viene de atrás, desde la Revolución Francesa– con la misma noción de la democracia por ser ejercicio de la soberanía popular; y que otros la aprecian, en su citada pérdida de legitimidad y de cara al mismo principio de unidad de la soberanía, como extraña a sociedades en violento deslave y desarticulación, en las que hasta los partidos políticos se hacen indiferenciados. Éstos se desatan de cosmovisiones y mutan en franquicias electorales – en la misma medida en que se multiplican exponencialmente los actores sociales y ocurre el desencanto general con la "política". Los últimos, a su vez, reclaman de sus derechos a la participación al margen de los profesionales de la política, no bastándoles como espacio el de la "democracia vigilada": la de la opinión pública o del ejercicio de la libertad de prensa como cuarto poder formal, moderador de la idea inevitable de la representación, que postula la especialidad de la actividad política y la imposibilidad material del gobierno asambleario.

b) También se sostiene, *pari passu*, que las tendencias hacia la desarticulación de la sociedad civil y en rechazo a la totalización normativa o simbólica o universal de su realidad, procuran, en sus nuevos modos de hacerse presente en la vida política, el pluralismo democrático. Pero la multiplicación exponencial de los derechos civiles y políticos como económicos y sociales, paradojalmente, propicia comportamientos dictatoriales. Es el caso, en un extremo del tablero, de los "millenials" o internautas, individuos selectivos en sus relaciones dentro del mundo digital y excluyentes de todo aquél a quien consideran molesto, cuyas ideas no comparten o les resultan inútiles; y en el otro, el de los miembros de los exclusivos e igualmente excluyentes nichos sociales o cavernas primarias –reclamantes del derecho a la diferencia– que se consideran causahabientes de los Estados, hasta ahora claustros de la sociedad y la ciudadanía, y que no se reconocen en "los otros". Los hemos enunciado previamente.

c) Se especula, así mismo, que en uno y otro plano de los anteriores, un fenómeno que se revela coetáneo a la misma globalización de las comunicaciones y la presencia masiva en sus espacios públicos múltiples de las realidades sociales hasta ahora enclaustradas en los Estados unitarios, es la emergencia del periodismo subterráneo o de redes; crítico e irreverente, expresivo de lo que ahora se califica como "políticamente correcto" a la vez que instantáneo, pero incapaz o inhabilitado para contrastar o verificar datos e informaciones, y como tal propiciador de una democracia self-service, de "usa-y-tire", mejor ganada para el voluntarismo político unilateral de los ahora ex ciudadanos.

d) Se debate, en igual orden, sobre el señalado desencanto con la democracia –obviamente la orgánica y formal, sea en su versión liberal ortodoxa, sea la ahora llamada "progresista"– entre otras razones por la falencia que acusa el Estado en su vocación asistencialista y al revelarse impotente para contener y dar respuesta a las novedosas demandas exponenciales procuradas por la inflación de los derechos humanos, la señalada multiplicación de las expresiones sociales "desterritorializadas" del pueblo, y el efecto demostración-consumo que auspicia la misma globalización comunicacional, generadora de conglomerados ávidos y conductualmente insatisfechos.

e) Se aprecia, en fin y como consecuencia, en medio de la disolución social corriente y sobre el defecto del Estado para responder a la inflación coetánea de derechos constitucionalmente protegibles –de suyo relativizados o trivializados en su núcleo pétreo como derechos del hombre, los que le pertenecen al hombre como tal– el advenimiento de una suerte de "democracia iliberal" o de neo-cesarismo; capaz, por ende y por vocación, de reconcentrar la gestión de la república en manos de líderes carismáticos y populares, realizadores de una democracia sin libertades –salvo en sus nominalismos crecientes– y ajena, según lo antes indicado, a las mediaciones institucionales (pos-democracia).

Lo anterior revela, ciertamente, la crisis ¿dentro o más allá de la democracia? –no lo sabemos– y es prueba de la insuficiencia del ejercicio del voto popular –a pesar de su igual pérdida de significado al hacerse también inflacionario por su cotidianidad y mediante la repetida práctica de referendos– para la reconfiguración institucional que demanda la hora presente en Hispanoamérica; para la resolución de los conflictos sociales que crecen como mar de leva o como medida de legitimidad de la propia democracia, que no sea para la confirmación de los autoritarismos personalistas en boga y negados al mencionado principio de la alternabilidad en el ejercicio del poder.

La literatura política y constitucional de finales e inicios del siglo es elocuente respecto del problema y merece ser revisada.

Norberto Bobbio (1984, 1985), montado sobre el desmantelamiento de la Cortina de Hierro, así como revela su optimismo sobre el "futuro de la democracia" basado en su expansión cuantitativa y geográfica, a la vez habla de crisis de la democracia, del mismo Estado y del estado de Derecho, bajo los signos de la ingobernabilidad, la privatización de lo público o invisibilidad del poder o poder oculto; pero no aprecia que, en la práctica y por obra de la revolución digital, desaparecen los espacios de lo privado que se hacen públicos en las redes globales, si bien bajo dominio de sus usuarios.

Alain Touraine (1994), desde finales del siglo XX busca redefinir la democracia y observa cómo la sociedad, ahora libre de ataduras, comienza a ser víctima de su propia fuerza; es decir, que al alejarse de la amenaza permanente de las manifestaciones totalitarias y al apalancarse sobre un pluralismo intensivo –liquidando la cultura de la coherencia social mínima– puede perder el mínimo de "divergencia tolerable" que la impulse hacia objetivos de interés común democrático.

Javier Roiz (1996), señala el afianzamiento de la democracia en nuestros días pero denuncia la "pestilencia de la democracia" en sus corruptelas, su culto a la mentira, su falta de visión de futuro para compensar los sufrimientos del presente; pero acaso omite que se trata de la misma corruptela histórica que hemos referido, en lo adelante exponencial por obra de la transparencia y la globalización de los medios y en donde la práctica de la mentira "como Estado" puede ser la resultante del propio sismo que sufre, en la transición, la institucionalidad democrática antes depuradora de la falacia política. El fascismo, en efecto, es el paradigma histórico del régimen de la mentira (*Il fascismo come regime della menzogna*) como lo revela la cita realizada de Calamandrei. Se hace fisiológico en el seno del Estado y se desarrolla sobre un lindero que separa la legalidad de la ilegalidad creando legalidades adulteradas, co-

69

mo en la actual experiencia de los países de Hispanoamérica que adhieren al socialismo del siglo XXI, siendo su emblema Venezuela.

En la vertiente alemana, Ulrich Rödel, Günter Frankenberg, y Helmut Dubiel (1997), tocan la "cuestión democrática" para destacarla como proyecto no hipotecado históricamente, secularizado y de final abierto, que exige volver a las leyes universales de la decencia humana en medio de la oposición entre "políticos realistas" y "opositores de principio"; en otras palabras, situada aquélla en un punto medio entre quienes, desde el ángulo liberal, usan las instituciones para filtrar a la voluntad popular y mantenerla dentro de valores constituciones preestablecidos e inmodificables, y quienes, desde la izquierda marxista, postulan una "democracia verdadera" o progresista donde desaparecen las mediaciones entre intereses particulares y colectivos. De modo que, el ejemplo o enseñanza, para dichos autores, es la de producir el cambio desde adentro – como las tensiones constructivas que dentro del parlamento alemán provocan los verdes frente a los partidos tradicionales; pero ello no basta, por lo visto con la mencionada experiencia del citado neopopulismo autoritario o socialismo del siglo XXI, venido de la fuente marxista y que ahora usa a la democracia liberal –es lo inédito– para alcanzar el poder con sus reglas y luego vaciarlas de contenido mediante el uso de sus mayorías e instalando lo que en propiedad son dictaduras o demo-dictaduras de vocación totalitaria.

Pierre Rosanvallon (2000), regresa sobre los pasos de la historia para apuntar el carácter frágil sobrevenido de la democracia representativa y al efecto poner sobre la mesa la cuestión central, en su perspectiva, de las desigualdades; que, como cabe repetirlo, probablemente son las mismas que se arrastran o acaso menores a las del pasado democrático conocido, pero hoy ventiladas libremente al hacerse estrechos los espacios geográficos y las realidades sociales por obra de la misma Aldea Global.

Ralf Dahrendorf (2002), montado sobre la realidad en boga constata lo antes dicho, a saber, que "ni siquiera las elecciones parecen capaces ya de dar respuestas satisfactorias y duraderas" en cuanto a lo que nos acontece con la democracia y su experiencia. Y es que, en efecto, la emergencia de neo-autoritarismos o los mesianismos posdemocráticos que venimos conociendo, procura la devaluación del voto popular en tanto no los favorezca; en una tendencia que, al postergar el principio de la alternabilidad en el ejercicio del poder –que en la democracia carece de propietario y ha de mantenerse simbólicamente vacío– hace mutar el acto electoral en otro de corte netamente plebiscitario.

Zygmunt Bauman (2002), advierte sobre el problema de la sociedad sitiada y las instituciones políticas confinadas territorialmente, en un momento en el que la velocidad reduce las distancias y prosterna los espacios, en orden a lo antes afirmado; tal y como lo advierte, desde la fuente vaticana el polémico Papa Francisco: "el tiempo es más importante que el espacio".

Francesco Viola (2006), prefiere apostar a una democracia deliberativa para contener o dar salida positiva a los efectos globales del multiculturalismo; en otras palabras, para ponerle una cota racional a la radicalización democrática.

Ferrajoli (2011), citado, en su teoría de la democracia hace critica severa de las concepciones procedimentales de la democracia en vigor, revelando sus aporías; sosteniéndolas como puertas de entrada a la libertad pero declarándolas insuficientes para definir la calidad de una democracia.

Laurence Whitehead (2011), por último, habla del carácter errático de los regímenes "democráticos" que emergen tras el colapso del socialismo real; cuyo paradigma, sin lugar a dudas, es el zarismo democrático ruso de Vladimir Putin.

Sea lo que fuere, Daniel Zovatto (2017), como petición de principio es claro en cuanto a lo vertebral del debate y sin dejar, como lo hemos dicho, de apostar a la democracia representativa: "Cada vez son más numerosos los autores –entre los cuales me incluyo– que sostienen que la calidad de las instituciones políticas constituye un factor crucial (si bien no el único) para explicar por qué algunas sociedades se democratizan mientras otras no lo hacen; por qué ciertas democracias se consolidan mientras otras no, así como para explicar, en parte, la calidad de las democracias".

6. *En búsqueda de la democracia moral, en el teatro de la democracia*

Esperanza Guisán (2000), quizás observando la explicada tendencia hacia la politización –en nombre de la anti-política– de todos los actores sociales, y prosternando ella el argumento clásico de la división del trabajo que obliga a la representación de lo político, reclama la falta de reflexión por parte de la ética y la filosofía más allá de los ámbitos en que los individuos llevan a cabo sus metas, libremente. Señala, en tal orden, el mal funcionamiento de la democracia que conocemos, por prudencial y por propiciar una existencia mediocre en ausencia de los sueños de perfección y utopía propios a lo humano; reclamando en su defecto de una práctica democrática moral profunda. No por azar, Francisco Plaza (2011), a la luz de los temas o problemas enunciados propone "recobrar el sentido integral de la democracia", más allá de sus formas.

Sin embargo, casi transcurridas las dos primeras décadas del siglo XXI, quienes se convencen de la inviabilidad contemporánea del Estado asistencialista –tal y como lo entiende en su momento el Estado social y democrático de Derecho– y del agotamiento del Estado territorial, optan por una suerte de relativización de la democracia, no sólo frente a la emergencia de los neo-cesarismos posdemocráticos varias veces citados.

La fragmentación social y la subsiguiente inflación de derechos ocurren de modo manifiesto, es verdad, en los ámbitos constitucionales de quienes, como resurrectos del despotismo y/o socialismo real, auspician la tendencia neo-autoritaria abroquelados con la tesis del PNUD, a cuyo tenor es más importante para la población su bienestar que la libertad; pero de tal tendencia se contaminan, como se constata, hasta las democracias más serias de las Américas, incluida la de los Estados Unidos.

La breve experiencia transcurrida y constante en lo que va del siglo demuestra que se trata de un anti-modelo o modelo posdemocrático, de corte fascista, que, por una parte, diluye el entramado institucional y lo pone al servicio de hombres o líderes providenciales quienes establecen una relación directa y paternal con el pueblo, auxiliados por el mismo tejido mediático de la globalización y, por la otra, sosteniéndose éstos bajo las formas mínimas de la democracia. Al efecto, en modo de hacer viables sus comportamientos antidemocráticos, desmantelan las leyes conocidas –garantistas de los derechos– y las sustituyen, según lo dicho, por un bosque o selva normativa tupida e impenetrable, prometedora, eso sí, y simbólicamente reivindicatoria, dentro de la que se pierde la certeza o el claro entendimiento de lo jurídico. Se le hace decir a la ley lo que no dice dentro en una práctica sistemática de la mentira, legalizada, para proteger a los aliados incluso en sus crímenes e ilícitos, y a fin de proscribir a los ajenos o irredentos, cultores de la democracia representativa: ahora calificados de derecha o conservadores, aún en sus comportamientos constitucionalmente ortodoxos.

Lo cierto, a todas éstas, es que ambas perspectivas –la del Estado liberal y relativista como la versión autoritaria de la "democracia participativa y protagónica"– se desmoronan al término y ya pasada una generación desde el instante en que ha lugar al denominado "fin de la historia" o la "muerte de las ideologías" hacia 1989; justamente, por cuanto ambas, en sus diferencias, o han hecho del relativismo –de lo "políticamente correcto"– un dogma de la democracia o la fuente en la que se afirma el neopopulismo y su tráfico de ilusiones.

Bajo propulsión del relativismo ético y social dominante y en emergencia hacen aguas, por fuerza, ambas perspectivas. La democracia liberal cede bajo el tsunami de corrientes migratorias de vocación fundamentalista, aceleradas por la misma globalización y sin ánimos de mixturarse dentro de los cánones culturales de aquella por relativa y que, por lo mismo, contradiciéndose, se ve obligada a la formulación de un "derecho penal del enemigo" para defenderse, haciendo resucitar el despotismo. Bien lo previene, no se olvide, Hannah Arendt, al sostener que la democracia no se sostiene ni reinventa sino de cara y ante la presencia de su opuesto, el totalitarismo, cuyo riesgo ha de tenerse siempre presente; pues si las minorías han de participar con la libertad necesaria para hacerse mayorías en la democracia, nada garantiza que éstas, al término, se decidan por el final de la democracia.

La matizada "democracia participativa", así las cosas, defendida por el ahora llamado socialismo del siglo XXI, de neta factura marxista y autoritaria, fenece no obstante en la actualidad como víctima de sus contradicciones: La unidad y encarnación del Estado en sus gendarmes de nuevo cuño no alcanza efectividad autoritaria más que por la violencia –inadmisible bajo los cánones del siglo XXI– y al demostrarse inviable en contextos de severo relativismo y fragmentación social como los animados por la citada inflación de los derechos y la garantía de protección de los nichos sociales primarios de vocación fundamentalista (ambientalistas, de género, de raza u origen, comunitarios, neo-religiosos, etc.). El totalitarismo, a fin de cuentas, como anti-modelo de la democracia, implica la negación del conflicto mediante la imposición de un dogma legitimador y "las sociedades democráticas [subsisten] en la medida que se fundamentan en un cuestionamiento institucionalizado de sí mismas", renunciando a cualquier tipo de unidad, por débil que fuera.

Sobre las bases anteriores, entonces, queda como tarea final e integradora, suma de las demás tareas parciales comentadas, la construcción ex novo de una teoría normativa y constitucional de la democracia, a menos que se la considere históricamente superada. Acaso implica y ello parece evidente, su mutación con relación a sus referentes históricos, y sólo podrá medirse su calidad sobre la base de las categorías que de aquella emerjan, a menos que se pretenda declarar la calidad democrática de realidades democráticas inexistentes y superadas, a la luz de los ejemplos señalados.

La obra de Zovatto, mencionada, no es ajena al asunto y lo sitúa en perspectiva histórica. Dice, al efecto, que "el proceso de transición a la democracia durante la tercera ola –se refiere a la transición que tiene lugar entre 1974 y 1990, explicada por Samuel Huntington– se basó en tres grandes movimientos: i) liberalización, que impuso las antiguas normas provenientes de la revolución noratlántica de finales del siglo XIX –en su versión moderna, supone un discurso acerca del respeto de los derechos humanos, civiles y políticos, que se expresan bajo la forma de una "etización" de la política, expresada en la conexión entre ética y derechos humanos–; ii) imposición de formas de economías de mercado más "puras", menos controladas por el Estado, que supuso el fin de las regulaciones y planificaciones, la pérdida del papel dominante del Estado como agente económico, y una apertura creciente de las economías, y iii) proceso de construcción o reconstrucción de la democracia, según el país en cuestión, entendiendo por tal, exclusivamente, la construcción de una "poliarquía", es decir, restringiendo la definición del término democracia exclusivamente a sus aspectos políticos, de acuerdo con la formulación realizada por Dahl".

Y agrega que, "sin embargo, algunos regímenes plebiscitarios o populistas de la región han degenerado en situaciones que podrían entrar dentro de las llamadas "democracias iliberales" o "autoritarismos competitivos", sino se tiene en cuenta, cabe advertirlo, de la brutal degeneración dictatorial y militar del país eje de dichas experiencias, Venezuela. Pero todos estos procesos de transición se hicieron, en criterio del autor, bajo el imperio del concepto de democracia política (también denominada formal o procedimental), dejando de lado el concepto de democracia "sustantiva", que permeó gran parte del discurso de izquierda en los años sesenta y setenta del siglo pasado".

De modo que, a esta altura y para recapitular, junto a la previsión válida de Arendt cabe la de Whitehead, a saber, entender que la democracia –para ser tal– es un teatro trágico o dramático.

La descripción no sugiere, aun cuando algunos lo piensen, que la obra democratizadora sea orfebrería de utileros;

de esos que apenas se ocupan de vestir a los actores, mover los andamios, preparar la escena para la representación de un drama o una tragedia, y luego cobrar por sus servicios.

Hablo del teatro democrático pues es la imagen metafórica que mejor describe la lucha pendiente por la democracia y la libertad en un continuo sin ataduras y de final abierto.

Un drama, una tragedia a ser representada requiere, primero que todo, de narrativa, de un texto consistente, susceptible de animar y rescatar al público; en lo particular al escéptico por la mala calidad de la obra democrática que denuncia, sin medir su agotamiento modélico.

Sólo el texto de una obra permite ordenar el reparto adecuado de los actores –en el caso de los actores de la democracia– para que, al margen de sus actuaciones respectivas, todos a uno logren armonía de conjunto y aseguren un desenlace a la trama. Y para que, al término, ganen todos con la satisfacción emocionada del auditorio que les mira, que también es partícipe central de la obra que convoca.

Esto importa entenderlo y mucho, sobre todo con vistas al final exitoso de toda transición democrática o democratizadora como la que se le plantea a nuestros países de un modo agonal, y que habrá de concluir con una formulación normativa renovada y/o distinta sobre la democracia.

El texto o la narrativa de cualquier obra teatral es a menudo complejo, otras no, pero siempre ha de ser susceptible de amarrar a cada actor, permitiéndole mimetizarse con su personaje. Esto garantiza parte del éxito.

En el caso de la democracia, la narrativa de su obra actual no es la misma que la de los griegos y tampoco la escrita al concluir la Segunda Gran Guerra del siglo XX. Es una trama permanentemente conflictiva, bajo debate constante, según las inéditas coordenadas del tiempo actual. Pero ha de contar con anclas que la fijen en un punto no debatible –el respeto a la dignidad y naturaleza de la persona humana– y que le permita, como a toda nave anclada, moverse de un lado hacia el otro dentro del límite invariable de lo que es, según la metáfora poética y evocadora de Ovidio: "Cuando algunos huyen y abandonan mis velas sacudidas, tú permaneces como el único ancla de mi despedazada nave". En otras palabras, las de Dworkin: "vivir bien significa bregar por crear una vida buena, pero solo sujeta a ciertas restricciones esenciales para la dignidad humana".

El público que observa desde la galería puede captar en los actores de escena discursos distintos e inconexos, que pueden corresponder o no a los niveles distintos y las variantes de los diálogos planteados; más lo cierto es que, a lo largo de la obra y al término, no la pueden desconocer quienes ocupan las butacas del teatro y ya han pagado su abono con el sufrimiento o la expectativa. Luego del clímax de la obra, donde todo es aparente confusión, sucesivamente se han de resolver los conflictos entre los personajes de la trama.

La audiencia no puede ser olvidada por los actores –como si estuviesen en ensayo permanente– y ha de ser tenida presente, a riesgo de su decepción. La crítica, como ha de esperarse, jamás será complaciente. Hará correr ríos de tinta.

Dice bien Whitehead que "si la democratización se considera esencialmente como una cuestión de pacto entre las élites ¿en dónde encontramos los elementos de la persuasión y simpatía pública necesarios para construir el entendimiento y apoyo ciudadanos más amplios que requiere el acuerdo alcanzado?

Volvamos, pues, al principio. Toda obra teatral exige de un guion y de contenidos, a objeto, además, de fijar los momentos del diálogo entre los actores y sus protagonismos. Y al caso, como lo recuerda el catedrático a quien invoco, cabe entender que el liderazgo político –como en toda representación teatral– implica tener capacidad para la retórica, oído para la musicalidad del lenguaje, para conjurar imágenes de futuros posibles, y para desviar la atención de obstáculos insalvables.

Toda transición democratizadora, en suma, carece de destino si en ella sólo priva la improvisación. Si falta el orden previo para las salidas a la escena será un desastre. Si cada actor, presa de su egolatría, incluso considerándose el mejor, no es fiel al conjunto de la narrativa que le da cobertura a la obra ni es capaz, con su actuación, de alimentar el apetito de la audiencia, de ganar su atención, de mover su adhesión emocional, al final, tampoco será capaz de entregar un culmen satisfactorio. La democracia, en suma, no es medianía, es hacer perpetua y expansiva la politización, celebrando sus conflictos y dirimiéndolos por vías pacíficas.

7. *Sobre la calidad de la democracia y su reinvención normativa*

De modo que, la primera constatación sobre la crisis corriente de la democracia o de las exigencias que plantea la democratización es que ahora la sociedad la contiene y justifica, no ella –como expresión de la organización política del Estado– a la sociedad; de allí lo válido de la metáfora teatral. Pero de allí, asimismo, la necesidad de una reinvención de los símbolos y normativa democráticos, con vistas a la posible medición de su calidad, pues como lo apunta Cancino, "entre más una democracia posibilita que los ciudadanos, además de elegir a sus representantes, puedan sancionarlos, vigilarlos, controlarlos y exigirles tomen decisiones acordes con sus necesidades y demandas, dicha democracia será de mayor calidad, y viceversa".

El autor, luego de abordar el debate reciente sobre la democracia y al preguntarse –con vistas al mejoramiento integral de los regímenes políticos existentes– sobre "las condiciones que permiten, en primer lugar, el nacimiento o la recuperación de una democracia después de una experiencia antidemocrática, para considerar ulteriormente el problema de sus distintos desarrollos y, por último, de su perdurabilidad en el tiempo y/o el regreso a una forma autoritaria o de otro tipo antidemocrático", replantea otra vez la fórmula de Arendt.

Su conclusión es lapidaria. "La política es democrática o no es política, entendiendo por democracia aquella forma de sociedad que es expresión del espacio público, del estar con los otros, un proyecto colectivo nacido de los imaginarios sociales"; de donde, a pesar de la crítica sobrevenida de la democracia liberal, cabe rescatar los resultados de su crítica al totalitarismo, pues este fue el producto de una elección durante el siglo XX, a saber, "reducir la radical pluralidad de perspectivas éticas, estéticas y políticas... a una única visión del mundo".

La pregunta actual y pertinente, con vistas a la fragmentación social y la radicalización del pluralismo señaladas, consecuencia de la desestatización de la política es sobre el límite mínimo de aquella y de éste, y sobre la banalización resultante al final en materia de derechos humanos, haciéndolos irrelevantes o triviales. La respuesta o solución, que no la tengo en lo personal, ha de ser otra vez la del ancla de la nave y sus movimientos limitados para volver a considerar la calidad de la democracia, para aceptar su cambio histórico y contenerla sobre los bordes que eviten desfigurarla –como la "post-democracia"– o le pongan un final –más allá de la democracia– si la exigencia moral que se le pide igualmente desborda y deviene en dogma totalitario.

Por lo pronto cabe reiterar las premisas de todo ello: en democracia todo es discutible y lo que no lo es, no es democrático; y los paradigmas de la democracia –salvo el ancla repetida de la dignidad de la persona humana– son todos debatibles, pues en cada período de la historia de la democracia se han movido al ritmo de las olas, según la imagen que nos muestra Huntington.

Mediante elecciones, hijas de las revoluciones de finales del siglo XVIII e inicios del XIX, en los años '20 y '30 del siglo XX se instalan los totalitarismos, mediante democracias que privilegian lo electoral. En la vuelta a la democracia, finalizada la 2da. Gran guerra, la preocupación explicable y dominante es, por ende, su seguridad institucional a partir del Estado nación. No obstante, a partir de los años '60, los componentes de la democracia de ejercicio se hacen exigentes y toma cuerpo, además, la idea de la "esperanza política", la del Estado de bienestar que se ocupa de la sociedad a través de sus mecanismos territoriales y servicios de asistencia. Ella se frustra, incluso así, al depender más del crecimiento económico esperado que de una decisión política duradera.

Sucesivamente, encuentran otra vez espacio propicio, frente a la insurgencia o insatisfacción social sobrevenida, las dictaduras militares o "autoritarismos burocráticos" de corte fascista y credo económico neoliberal, a manera de reflujo; hasta que ceden progresivamente y logra restablecerse el flujo democrático durante los años '80, alcanzando a Portugal con su revolución de los claveles (1974), España, Europa oriental y América Latina, que experimentan una suerte de Tercera Vía democrática, modernizadora del Estado, proclive a la emancipación social, y socialmente sensible.

Pero a inicios del siglo XXI, atribuyéndosele a la democracia renacida las culpas de su fracaso social, ocurre otro reflujo o retracción de las libertades bajo la férula de un Estado populista y paternalista, que al igual que los totalitarismos del siglo XX nace de la práctica democrática electoral para ponerle fin a la democracia liberal representativa y sus instituciones. Y el resultado de la reconcentración y centralización de lo político, en modo de sostener el edificio social en progresiva fractura –anomia– ha sido el total fracaso social y económico –lo muestra la experiencia de Venezuela otra vez.

Dada su "heterodoxia", a saber, el uso plástico de la democracia hasta vaciarla de significado, provoca una dicotomía insoluble en lo inmediato: la coexistencia de un autoritarismo estatal militarista y centralizador con una sociedad "líquida" – es la imagen de Cancino – e imposible de contener en su radicalidad democrática; y que en medio de sus *necesidades*, que la hipotecan al primero y la sujetan mediante su violencia, sigue prefiriendo sus posibilidades de *realización* individual y autónoma. La dinámica venezolana es de nuevo ejemplarizante.

Zovatto, a todo evento y luego de esto, previene sobre la brega –el optimismo de la voluntad– que es e implica, a fin de cuentas, el bien de la democracia:

> "La vida democrática constituye un caldo de cultivo vital y dinámico que suele propiciar cambios importantes en la cultura política y en lo que las sociedades no podían admitir

o siquiera imaginar hasta hace muy poco tiempo. Estas tres décadas y media de reformismo sistemático validan la tesis de Hirschman: la democratización latinoamericana fue viable y será posible si somos capaces de trascender el fatalismo y nos colocamos al acecho de los acontecimientos históricos inusitados, de las raras y nuevas concatenaciones, de los pequeños senderos que nos permiten construir un cambio que nos conduzca hacia delante. Estas lecciones han sido corroboradas a lo largo de los últimos 38 años, y en un sentido muy profundo establecen el carácter cambiante que por necesidad –no por virtud–ha asumido la democracia en la región", concluye.

8. *Una síntesis y sus predicados normativos*

En las páginas anteriores insistimos en los desafíos –más que en las amenazas– que se le presentan a la democracia como consecuencia de la invertebración actual de las sociedades hispanoamericanas y la indignación de éstas por la falta de su calidad, en lo particular de la transparencia, léase por la corrupción de los espacios públicos; el secuestro de los aparatos estatales por neopopulismos autoritarios y su apoyo por jueces constitucionales que vacían de contenido democrático a las constituciones; en un contexto de globalización digital que diluye los espacios territoriales de los Estados, afecta las mediaciones institucionales y partidarias, hace inmediatas las relaciones de poder y provoca una inflación de derechos humanos que los trivializa, afectándose el sentido mismo del pluralismo democrático y la coherencia social que es base la nación.

Se sugiere, pues, la reinvención normativa de la democracia sin la pérdida de sus referentes esenciales, pero adecuándolos a las realidades distintas que plantea el siglo XXI, comenzando por lo esencial: el restablecimiento del tejido social bajo un denominador común que sea sensible a los valores democráticos, en modo que refleje las nuevas categorías constitucionales que hayan de ser formuladas. ¿Una vuelta al principio ordenador de la dignidad humana, como en 1945?

Debo decir que en las Universidades de París-Dauphine y de Cornell, en los Estados Unidos, como en la London School of Economics, otra vez se habla y debate acerca del materialismo filosófico, para dar cuenta no de los problemas del dinero, de la acumulación o del denominado capitalismo salvaje tan denostado por el neopopulismo de transición, sino para apuntar –lo narra Alberto Benegas Lynch, miembro de las Academias de Ciencias y de Ciencias Económicas de Buenos Aires– que el hombre, desatado de las mediaciones sociales conocidas –la ciudad, los Estados, la propia organización regional o universal que reúne a éstos– y expuesto como queda al dominio cibernético en curso arriesga perder su libre albedrío y hasta la conciencia, programables por anticipado a manos de los land lords del siglo XXI (*La incongruencia del materialismo*, La Nación, Buenos Aires, 20 de agosto de 2008). De allí la importancia de canalizar y darle significación a su participación política (politeia), ya que en sus manos, ahora como nunca antes, reposa la posibilidad de invertir la ecuación, apoyado en los mismos logros de la ciencia, y reinventarse democráticamente.

Los desafíos enunciados –vistas las polaridades políticas, el decaimiento y renacer de los mitos históricos, la cohabitación y los procesos transicionales que se impulsan entre la república democrática y sus enemigos históricos renovados tras el socialismo del siglo XXI, el incremento de la corrupción en pugna abierta con reclamos colectivos por una mayor transparencia pública y servicio a la verdad, el choque entre hegemonías comunicacionales públicas y privadas y el periodismo subterráneo bajo control de los ex ciudadanos– demandan, por lo visto, de una consideración y juicio de valor integral.

La misma debe ser contextual, moral y ética y a la vez práctica, sobre la experiencia de la democracia y la necesidad probable de su redefinición contemporánea. Urge, por ende, el rescate de una efectiva direccionalidad renovada de la misma democracia y la superación de los voluntarismos militantes y sociales, que se revelan inútiles en la circunstancia a pesar del ruido que puedan causar a través del periodismo de redes y dado el ambiente "posdemocrático" que domina en la región y en el Occidente durante la última década.

Es indispensable, así las cosas, iluminar caminos, ofrecer certidumbres en lo inmediato –para atenuar y resolver las urgencias– pero con vistas a narrativas omnicomprensivas y plazos generacionales que vayan más allá de las manifestaciones del momento.

¿Es posible evaluar la ruptura epistemológica que ocurre en Hispanoamérica apelando a lo sabido y conocido, a fin de no enajenar nuestras raíces fundantes? ¿Podremos entender, a la vez, que la realidad de presente es tal y como es, con abstracción de sus ideologizaciones? ¿Seremos capaces de asumir el porvenir descartando "utopías utópicas", conciliar utopías posibles con realidades en emergencia y asumir, con ánimo crítico y no trágico, la globalización (relativización cultural y moral, debilitamiento de las dimensiones espaciales y materiales de la política y la economía, revalorización del tiempo y su velocidad de vértigo en todas las áreas, unidad de comportamiento de los citados "millenials" y sus aspiraciones morales, dispersión social y política de los grupos étnicos-raciales, religiosos, comunitarios, de género, etc., invasión de la realidad digital), reformulando y ajustando, si cabe, la tríada que forman la democracia, la seguridad jurídica, y los derechos humanos? ¿En fin, entre la afirmación de los localismos soberanos y la seguridad y moral democráticas –constantes en la Declaración Universal sobre la Democracia (1997), en la Carta Democrática Interamericana (2001), y en la Resolución de la Asamblea Parlamentaria EURONEST sobre los *Retos para el Futuro de la Democracia* (2012)– media acaso una contradicción irresoluble y a costa de la misma democracia?

Las contestaciones políticas y normativas de la sociedad civil y de los individuos, como partes de ésta, a los desafíos de la democracia, están por ser elaboradas. Sólo ella y éstos podrán forjarla, haciendo un alto, mirándose a sí mismos para luego mirar a la nación en su conjunto y darle una nueva racionalidad al espacio público.

Al escribir *La democracia del siglo XXI y el final de los Estados* (2014), inspirado, debo decirlo, en el pensamiento del otrora Cardenal Arzobispo de Buenos Aires, Jorge Mario Bergoglio, en lo personal me pregunto sobre ¿cuál es la ruta? Lacónicamente, por comprender la complejidad de la cuestión y quizás por atado intelectualmente a la ortodoxia democrática renovada que vierto en mi *Digesto de la democracia*, o acaso por no tener una respuesta más precisa y realista a la mano o no atreverme a formularla, digo en abstracto que lo pertinente es:

> "refundar los vínculos sociales, revitalizar la urdimbre de nuestra sociedad apelando a la ética de la solidaridad, tanto como buscar la unidad de la gente en la memoria de sus raíces, permitiéndole sostener su identidad en la diversidad necesaria del género humano. Ello a fin de hacerle invulnerable a la lógica de la supervivencia o el manejo de tácticas de salvataje que derivan en dogmas de fe –el relativismo– para los unos y para los otros, dividiendo a los antiguos ciudadanos aún más, justamente, por falta o pérdida de

lo esencial, es decir, de una narrativa o cosmovisión compartida posible que otra vez los amalgame, más allá de necesidades intestinas o profanas en el marco del teatro de la democracia".

A guisa de las reflexiones precedentes y como síntesis de todo lo dicho, cabe imaginar algunas postulaciones normativas mínimas y reconstructivas de la democracia a partir de los datos que son empíricamente verificables, a saber: (1) La invertebración, indignación e inmediatez social que preceden o siguen al (2) debilitamiento del odre estatal y de los partidos modernos como sedes espaciales o territoriales del poder, excluyentes y representativas de la actividad política, originador de un neopopulismo de coyuntura; a la vez que procuradoras de una (3) inflación – más que una ampliación– en los derechos humanos que se funda en el emergente derecho a la diferencia y con él en el desbordamiento o desfiguración del pluralismo. Todo ello, o por obra de ello, como manifestación aparente de una corriente anti-política pero libertaria que encubre, mejor aún, el legítimo reclamo por la calidad de la democracia y sus finalidades, comprometiendo (4) la actuación de la Justicia constitucional, sea para salvar los activos democráticos, sea para vaciarlos de contenido purificando los atentados cotidianos a la misma desde el propio vértice del poder.

Los predicados normativos básicos serían:

a) *La democracia como derecho humano colectivo*

Aún se gastan ríos de tinta en el debate acerca de la democracia, sea como procedimiento o con vistas a sus finalidades, en otras palabras, sobre su legitimidad de origen o la legitimidad de desempeño democráticos, dándose cuenta de los elementos esenciales de la misma democracia o los componentes fundamentales de su experiencia.

No obstante, cabe observar que lo único que permite fijar el núcleo pétreo y las expectativas de progresividad y hasta los límites o la reformulación y ampliación eventual de los enunciados que integran al concepto de la democracia –piénsese en los que vienen desde de la Declaración de Santiago de 1959 referida– es la consideración de la misma a la luz de su naturaleza recién adquirida en 2001 y debatida en sede de la Corte Interamericana; por obra, quizás, del mismo deslave social contemporáneo que la intensifica como manifestación, más allá de las desviaciones neopopulistas o post-democráticas señaladas y en medio del vacío de transición.

El primer artículo de la Carta Democrática Interamericana califica a la democracia, en efecto, como "derecho de los pueblos" que los gobiernos han de garantizar. Es, en suma, un derecho de todos y para todos, en medio de sus diferencias y como límite de la propia pluralidad democrática.

Sobre el derecho humano a la democracia, que entiendo como derecho universal y a la vez totalizador de los demás derechos, mejor aún transversal a todos los derechos de la persona humana, no abundaré. A él me refiero en mi discurso de ingreso a la Academia Nacional de Derecho y Ciencias Sociales de Buenos Aires y en el libro a que da lugar ésta, *El derecho a la democracia*, apoyándome incluso en la jurisprudencia de la misma Corte Interamericana, que abre caminos, lo repito, si bien no alcanza a dar el paso hacia su cristalización definitiva.

La Convención Americana de Derechos Humanos advierte en su preámbulo que éstos mal pueden encontrar un nicho garantista fuera de la democracia; que la democracia es la base para la interpretación del contenido y los alcances de los mismos derechos protegidos; y que los límites de los derechos son aquellos que permite la democracia y su existencia. De donde, toda violación de cualquier derecho tutelado –v.gr. a la tríada que integran los derechos a la expresión e información, a la asociación política, y al ejercicio del voto activo o pasivo, sin mengua de sus garantías judiciales– ha de ponderarse a la luz de su contexto democrático y como premisa de las responsabilidades que concite dicha violación, agravada o no según lo diga el contexto.

La unidad alrededor de la Constitución que ha de alcanzarse y garantizarse, es en efecto, la unidad de todos y del todo para la preservación del derecho a la democracia, su función integradora del pluralismo social y como teleología del poder político, que es asegurar el respeto de la dignidad humana.

b) *La democracia como derecho y servicio a la verdad*

El derecho a la verdad, transversal a la democracia, ha sido objeto de una consideración amplia por la jurisprudencia de la Corte Interamericana e incluso por la Asamblea General de la Organización de los Estados Americanos, si bien dentro de un ámbito restringido, el de la verdad judicial y la memoria histórica.

Incluso así, cabe referirlo como un segundo predicado normativo sustancial de la democracia que, igualmente, tiene la virtud de articular la dispersión social y sujetar racionalmente la experiencia del pluralismo democrático, sobre todo por cuanto hace al elemento contemporáneo que más ha conspirado contra la democracia, a saber, la corrupción en sus distintas manifestaciones, comenzando con la prostitución del lenguaje político a fin de impedir la permeabilidad de su censura social. Por lo demás, servir a la verdad dentro de la democracia y asumirla como derecho permite cauterizar la mentira como fisiología de los populismos autoritarios y reguladora de la virtualidad informativa en tiempos de globalización.

En mi libro *Memoria, verdad y justicia: derechos humanos transversales a la democracia*, abordo la cuestión en detalle. Baste, por lo pronto, considerar lo siguiente:

> Según Peter Häberle, cabe agradecerle a Vaclav Havel, "que pasó de ser prisionero de la República Socialista Checoslovaca a presidente constitucional de la República Federal Checa, el exigir por primera vez el "derecho a la verdad". Aquél realiza, a tal propósito, la exégesis más lúcida – desde la perspectiva histórica, filosófica, cultural y jurídica– sobre la verdad constitucional y se pregunta si acaso ¿es un sueño el querer fundar el Estado en la verdad? Y se plantea y nos plantea un asunto crucial, como lo es indagar sobre los límites de la tolerancia en la democracia y el Estado de Derecho. Se trata de una empresa similar *mutatis mutandi* a la que asume con buena fortuna Norberto Bobbio, cuando fija límites a las mayorías en la democracia, señalando que ellas no pueden vaciarla de contenido con sus votos como negarle con éstos sus derechos a las minorías.
>
> Pero más próxima a la preocupación de Häberle es la que hace propia, desde otro contexto, Esperanza Guisán, quien advierte sobre los límites de los consensos democráticos predicando la democracia moral como límite del mismo diálogo democrático y el pluralismo. El jurista y pensador quien es luz –en versos de Emilio Mikunda– de la Alemania de nuestro tiempo, cree, en suma, que sí "tiene sentido preguntarse si es posible que el Estado constitucional fije los límites dentro de los cuales exista la tolerancia y al mismo tiempo no se apoye ni en un mínimo de verdad, porque no puede decirse que sea posible tolerancia alguna sino hay un deseo por la verdad".

La cuestión de la verdad, como búsqueda, no cabe confundirla y ello conviene aclararlo, con la verdad de Estado e incluso religiosa y sus cargas históricas e ideológicas como sus elevados costos durante el Medioevo y la modernidad, prorrogados hasta nuestros días dentro de determinados espacios culturales y hasta políticos, como el del socialismo del siglo XXI.

Así las cosas, la verdad se asume, en la democracia, como visibilidad, como transparencia, como rendición de cuentas, como decisiones públicas de lo público, como deliberación y control abiertos y bajo la mirada y/o participación de los actores sociales, en suma, como reconocimiento de la dignidad humana; y pensando al respecto junto a Bobbio, cabe señalar como dos de sus consecuencias materiales o sub-predicados orgánicos –dentro de la misma imagen del teatro de la democracia que también usa éste y remite a Platón– las ideas de (1) la representación y (2) la descentralización bajo el principio de la subsidiariedad. Aquélla, por cuanto el pueblo se hace visible y deja de ser abstracción al decidir sobre su representación: "Representar significa hacer visible y hacer presente un ser invisible mediante un ser públicamente presente", señala Carl Schmitt citado por el primero. Y ésta, la descentralización, visto que el poder se hace todavía más visible en cuanto es más cercano al pueblo, al ser humano, lo que cristaliza de modo privilegiado en el gobierno local, facilitador de la participación política directa.

c)   *La democracia como representatividad de lo social*

"La primera norma de reconocimiento de la democracia política es por ello [lo dice Ferrajoli a propósito de la señalada representación política] aquél débil subrogado de la democracia directa [sólo posible en un pueblo de Dioses, según Rousseau] que es la democracia representativa, realizada a través del ejercicio de los derechos políticos de voto en la formación de la representación política".

Cabe decir, al respecto, que si la representación implica, según lo ya dicho, la visibilidad de la democracia, su transparencia, su posibilidad de no permanecer como experiencia secreta, para superar las críticas justificadas que hoy la debilitan han de resolverse: (1) La confusión que se critica desde la doctrina entre la sociedad civil y la política, vale decir o mejor aún, la señalada apropiación por aquélla y sus intereses "privados" de los ámbitos de ésta, y que, a guisa de lo dicho antes, puede significar intensificación de lo democrático; y (2) el abuso de las mayorías que se afirman sobre la muerte política de las minorías invisibilizándolas y apropiándose en su favor de la soberanía popular como un todo, que incluiría a la parte que no logra ser representada y cuya voz, al final, no cuenta, pues se diluye tras el grito de la mayoría.

Se requiere, entonces, relanzar y desbrozar de falacias a la representación política, esencia de la experiencia real de la democracia, tanto como resolver los problemas que plantea, como el de su falta sobrevenida de representatividad y la consiguiente necesidad, en la democracia, de que no la encarnen, a manera de ejemplo y en su defecto, órganos "monocráticos" de manifiesta vocación populista, electos bajo el citado criterio mayoritario y que presumen como dogma la unidad y homogeneidad del pueblo: "voluntad colectiva unitaria" que se expresa en el Jefe de la facción mayoritaria o que gobierna un Estado centralizado y presidencialista, afirma Ferrajoli. La experiencia del socialismo del siglo XXI es al respecto más que ilustrativa.

La representatividad de la representación, en suma, es un predicado normativo inexcusable que cabe sino rescatar sí introducirlo *ex novo*, como condición para el fortalecimiento de la segunda. La Carta Democrática Interamericana postula que "[l]a democracia representativa se refuerza y profundiza con la participación permanente, ética y responsable de la ciudadanía en un marco de legalidad conforme al respectivo orden constitucional", según reza su artículo 2.

El argumento que se esgrime para destacar, sea la corrupción en todos los órdenes y la traición de la misma representación que significa la final subordinación de ésta –léase del representante y de los titulares de los órganos del Estado– a los intereses preeminentes que pugnan dentro de la sociedad civil, en medio de su actual invertebración, sea la castración de la misma voluntad popular por estructuras de poder –partidos políticos, jefes o gobernantes personalistas– divorciadas de la complejidad social contemporánea, obliga a fijar dos consecuencias a la premisa normativa esbozada:

(1) La afirmación del sistema de elección proporcional para que la representación sea representativa de la complejidad social en todos sus órdenes y asegure la igualdad de derechos políticos por sobre la diversidad social y de narrativas o cosmovisiones particulares y legítimas de sus titulares.

Las palabras del propio Ferrajoli ahorran cualquier justificación adicional:

> "El método mayoritario y el sistema presidencial [lo prueba en su exacerbación la experiencias de los gobiernos socialistas del siglo XXI] favorecen inevitablemente la auto-legitimación de la parte vencedora como expresión de la soberanía popular y sus infalibles corolarios populistas: la deslegitimación de los partidos, la idea de que el consenso popular legitime cualquier abuso, la personalización del liderazgo, la descalificación de las reglas y los límites al po-

der de la mayoría, de la división de poderes y de la separación e independencia entre las funciones de gobierno y de garantía, el rechazo en fin de ese sistema de mediaciones, vínculos, controles, contrapesos y equilibrios de los poderes que forman la sustancia de la democracia constitucional".

(2) La reconstitución del sistema de partidos y de sus bases sociales, hasta ahora, aquéllos, diafragmas impermeables entre la sociedad civil y la sociedad política, y éstas, afectadas por la anomia; para que sirvan en lo adelante como expresiones instrumentales permeables, democratizadas, y amalgamadoras de la diversidad social, no solo territorial, a la luz de memorias o raíces que aten al conjunto del pueblo o sus partes y las interpreten y contengan democráticamente en sus pluralidades, dándoles sentido de presente y direccionalidad hacia el porvenir.

La prevención de Kelsen, en *¿Quién debe ser el defensor de la Constitución?* es esclarecedora frente a las tendencias monocráticas, centralizadoras y totalizantes de lo político que –inspiradas en Carl Schmitt– buscan ocultarlo o disimularlo en sus verdaderas manifestaciones y que cabe resolver racionalmente, democráticamente, y no de forma metafórica o despótica:

> "[La llamada voluntad colectiva sólo sirve] para ocultar la contraposición radical y real de intereses existentes, que se dan en el hecho de los partidos políticos y en el hecho, aún más significativo y subyacente, de las clases sociales".

d) *La democracia como realización de la Justicia y garantía de su coherencia*

No es del caso reparar o volver sobre lo ya dicho acerca del debate que concita la justicia constitucional en su relación con la democracia y foco de articulación de sociedades dispersas, desmembradas o agravadas en su realización por la multiplicación y la pugna de intereses o el choque y hasta sobre posición de derechos humanos sectoriales con relación a los fundamentales: atados a la naturaleza humana común, según lo esboza Casal.

Sí interesa destacar, sin mengua de otros predicados normativos que puedan surgir luego de una reflexión más detenida sobre la cuestión a la que se contraen estas páginas, que admitido que la democracia es un derecho totalizador de los derechos y su eje transversal, derecho o servicio a la verdad, y representación representativa, el conjunto de sus manifestaciones –elementos esenciales y componentes fundamentales– han de ser coherentes unas con otras a la luz de los principios ordenadores de la buena fe y la dignidad humana.

Ese es el desiderátum del constitucionalismo alemán de 1949, y vale ayer tanto como hoy, cuando se busca reinventar a la democracia a la luz de las leyes universales de la decencia.

Por consiguiente, los choques inter-normativos, sea los internos, sea los que tengan lugar con relación a las normas internacionales sobre la democracia y los derechos humanos como de sus garantías, han de ser siempre resueltos a través de dos premisas o sub-predicados: (1) El principio de la buena fe citado –la interpretación normativa *pro democracia,* sin riesgos de su vaciamiento– y (2) el principio *pro homine et libertatis,* como núcleo pétreo que determina el alcance y fija los límites de los derechos –incluido el derecho a la democracia– en consonancia con las justas exigencias del bien común en la democracia. Es esta, por cierto, la teleología o el contexto dentro del que se inscriben las normas de la Convención Americana de Derechos Humanos.

En la práctica, resolver sobre los derechos y acerca de sus garantías dentro de un Estado de Derecho, implica, en primer término, contextualizar democráticamente, es decir, afirmar el derecho a la democracia y al término resolver – ¿acaso el juez constitucional o el parlamento– o ambos a la vez –en sus tareas esenciales de guardianes de la Constitución?– sobre la base de la naturaleza de la persona humana, entre derechos que se aleguen o se opongan y sus tutelas [abre caminos al respecto la Corte Europea de Derechos Humanos con su caso *Schalk et Kopf c. Austria,* 2010], dándole textura de base a la diversidad social, linderos democráticos al pluralismo, y circunscribiendo el todo a las exigencias ineludibles de la misma democracia.

Y como la democracia, además de derecho humano es servicio a la verdad y representatividad, de suyo implica diálogo tanto institucional como social; en el primer caso, el diálogo constante, en doble vía, entre los poderes que pugnan y comprometen a la democracia garantizándola en su intangible unidad de lo plural: la representación popular, por una parte, y la judicatura como desafío de la mayoría de ésta por la otra, y en el segundo caso, entre la misma judicatura y la sociedad, acaso a través de la publicidad de los debates judiciales sobre el derecho a la democracia y sus derechos transversales, acudiéndose a la experiencia de los *amicus curiae* por observadores no institucionales de la democracia.

No huelga concluir, sobre lo último, con lo que apunta Dworkin, a quien hemos mencionado: "El derecho también es colaborativo: un juez estima apuntar a la misma meta – la justicia –que los hombres de Estado creadores de las leyes que él interpreta. Aun cuando considere que su papel está enteramente subordinado al de aquellos, la subordinación misma está, a su entender, justificada por la meta general de justicia compartida por uno y otros"; meta que, en síntesis, es la democracia, como derecho humano integrador y en su progresividad, asegurada por un Estado constitucional de Derecho más acorde a los inéditos desafíos del siglo en curso, que es el siglo de la libertad.

BIBLIOGRAFÍA

Aguiar, Asdrúbal. *El derecho a la democracia*. Editorial Jurídica Venezolana. Caracas, 2008.

Aguiar, Asdrúbal. *Memoria, verdad y justicia: Derechos humanos transversales de la democracia*. Editorial Jurídica Venezolana. Caracas, 2012.

Aguiar, Asdrúbal. *Digesto de la democracia*. Editorial Jurídica Venezolana. Caracas, 2014.

Aguiar, Asdrúbal. *La democracia del siglo XXI y el final de los Estados*. La Hoja del Norte. Caracas, 2014.

Arendt, Hanna. *Los orígenes del totalitarismo*. Taurus. Madrid, 1998.

Aspremont, Jean d'. *L'etat non democratique en droit international*. Pedone. Paris, 2008.

Azzariti, Gaetano. *Il costituzionalismo moderno puó sopravvivere?* Laterza. Roma-Bari, 2013.

Bauman, Zygmunt. *La sociedad sitiada*. FCE. Buenos Aires, 2004.

Bobbio, Norberto y otros. *Crisis de la democracia*. Editorial Ariel. Barcelona, 1985.

Bobbio, Norberto. *El futuro de la democracia*. FCE. México, 2001.

Calamandrei, Piero. *Il fascismo come regime della menzogna*. Laterza. Roma, 2014.

Calamandrei, Piero. *Sin legalidad no hay libertad*. Trotta. Madrid, 2016.

Cansino, César. *La muerte de la ciencia política*. Sudamericana. Buenos Aires, 2008.

Casal H., Jesús María. *La justicia constitucional y las transformaciones del constitucionalismo*. UCAB/Fundación Konrad Adenauer, Caracas, 2015.

Dahrendorf, Ralph. *Después de la democracia*. Crítica. Barcelona, 2002.

Partha Dasgupta e Ismail Serageldin (Editors). *Social Capital: A Multifaceted Perspective*. The World Bank, Washington, 2000.

Di Palma, Giuseppe. *To craft democracies: An essay of democratics transitions*. University of California Press, 1990.

Dworkin, Ronald. *Justicia para erizos*. FCE. Buenos Aires, 2014.

Ferrajoli, Luigi. *Principia Iuris: Teoría del derecho y de la democracia* (2. *Teoría de la democracia*). Trotta. Madrid, 2012.

Guéhenno, Jean-Marie. *El fin de la democracia*. Paidós. Barcelona, 1995.

Guisán, Esperanza. *Más allá de la democracia*. Tecnos. Madrid, 2000.

Gurrutxaga, Ander. *El malestar de la democracia*. Alga. Araba, 2005.

Haberle, Peter. *Verdad y Estado constitucional*. Instituto de Investigaciones Jurídicas de la UNAM, México, 2006.

Hobbes, Thomas. *Leviatán, o la materia, forma y poder de una república eclesiástica y civil*. FCE. Buenos Aires, 1992.

Kelsen, Hans. *¿Quién debe ser el defensor de la Constitución?* Tecnos, Madrid, 1995.

Nun, José. *Democracia: ¿Gobierno del pueblo o gobierno de los políticos?* FCE. México, 2002.

O'Donnell, Guillermo; Philippe C. Schmiter; y Laurence Whitehead. *Transitions from Authoritarian Rule* (Vol.1 Southern Europe; vol. 2 Latin America; vol. 3 Comparative Perspectives; vol.4 Tentative, Conclusions about Uncertain Democracies). Johns Hopkins University Press, Maryland, 1986

Pérez Díaz, Víctor. *Primacía de la sociedad civil*. Alianza Editorial. Madrid,1994

Plaza, Francisco. *El silencio de la democracia*. El Nacional. Caracas, 2011.

PNUD. *La democracia en América Latina*, Nueva York, 2004.

Putnam, Robert D. *El declive del capital social*. Círculo de Lectores, Barcelona, 2003

Rosanvallon, Pierre. *La démocratie inachevée*. Éditions Gallimard. Paris, 2000.

Rödel, Ulrich, Günter Frankenberg y Helmut Dubiel. *La cuestión democrática*. Huerga § Fierro. Madrid, 1997.

Roiz, Javier. *El gen democrático*. Trotta. Madrid, 1996.

Salazar Ugarte, Pedro. *La democracia constitucional*. FCE/UNAM. México, 2011.

Touraine, Alain. *Qu'est-ce que la démocratie?* Fayard. Paris, 1994.

Tucídides. *Historia de la guerra del Peloponeso*. Edición de Luis M. Macía Aparicio. AKAL. Madrid, 1989.

Utz, A.F. y H.B. Streithofen, *La concepción cristiana de la democracia pluralista*. Herder, Barcelona, 1978.

Van Reybrouck, David. *Contra las elecciones: Cómo salvar la democracia*. Taurus. Barcelona, 2017.

Viola, Francesco. *La democracia deliberativa, entre constitucionalismo y multiculturalismo*. UNAM. México, 2006.

Whitehead, Laurence. Democratización, teoría y experiencia. FCE. México, 2011.

Zovatto, Daniel. *Reforma política y electoral e innovación institucional en América Latina*. Cuadernos de la Cátedra Mezerhane, 2. Editorial Jurídica Venezolana / Miami Dade College, 2017.

II

RELECTURA DE LOS DERECHOS HUMANOS: SU EXPANSIÓN Y RELATIVIZACIÓN CONTEMPORÁNEA

"En aceleración del tiempo de la evolución histórica en la que nos encontramos hay, a mi entender, ante todo dos factores característicos de un fenómeno que hasta ahora se había venido desarrollando lentamente: por un lado, la formación de una sociedad global en la que los distintos poderes políticos, económicos y culturales se han vuelto cada vez más interdependientes y se rozan e interpenetran recíprocamente en sus respectivos espacios vitales; por el otro, está el desarrollo de las posibilidades humanas, del poder de crear y destruir, que suscita mucho más allá de lo acostumbrado la cuestión acerca del control jurídico y ético del poder. Por lo tanto, adquiere especial fuerza la cuestión de cómo las culturas en contacto pueden encontrar fundamentos éticos que conduzcan su convergencia por el buen camino y puedan construir una forma común, jurídicamente legitimada, de delimitación y regulación del poder". J. Ratzinger, *vid.* Jürgen Habermas y Joseph Ratzinger, *Entre razón y religión*, FCE, México, 2008, pp. 46 ss.

"El tema de discusión que se nos ha propuesto recuerda una pregunta planteada a mediados de los años sesenta en el contexto del debate alemán acerca del fundamento de obligatoriedad de la constitución: si el Estado liberal secularizado vive de presupuestos normativos que él mismo no puede garantizar. En esta pregunta se expresa la duda de si el Estado constitucional democrático puede cubrir con sus propios recursos los fundamentos normativos en los que ese Estado se basa. Se expresa también la conjetura de que ese Estado depende de tradiciones [éticas] autóctonas [ideológicas o religiosas], en todo caso tradiciones éticas [previas] colectivamente vinculantes. Esto pondría en aprietos a un Estado que está obligado a mantener la neutralidad en lo que se refiere a cosmovisiones, precisamente en atención al "hecho del pluralismo" (Rawls)". J. Habermas, *op. cit.*, pp. 24-25

En el intento propositivo de algunos elementos que sirvan para la formulación, si es el caso, de una teoría normativa de la democracia actualizada, apropiada a las nuevas realidades del mundo, condicionadas como se encuentran por los efectos de la globalización y la inmediatez digital, por el quiebre ético y de las referencias integradoras –ciudadana y cultural– que ello significa [no hay diferencia entre el bien y el mal a la luz de lo hoy "políticamente correcto"], según lo sugiriésemos en el escrito anterior: *¿Calidad, mutación o final del teatro de la democracia?*, lo pertinente, como primer paso, es hacer una relectura del concepto y los alcances de los derechos humanos en sus aspectos básicos, a fin de contrastarlos con la experiencia, lo normativo, la estimativa, y con vistas a los citados desafíos del siglo en curso. Y la razón de ello no es filatera.

Los derechos humanos en tanto que derechos esenciales del hombre, que se expanden bajo las "mayores posibilidades humanas" actuales y son "límites a la soberanía"[1] de Estados cuyas jurisdicciones hoy se diluyen, de acuerdo con la doctrina judicial interamericana son entendidos como el eje vertebrador de la misma democracia y el Estado de Derecho; bajo la idea del Estado constitucional y democrático de Derecho que nos lega la Segunda Gran Guerra del siglo XX.

1. *La dignidad del hombre, entre el ocaso y la resurrección*

La degradación del hombre a manos del hombre mismo marca, de modo esquizofrénico, grandes etapas de la histo-

---

1   Humberto Nogueira Alcalá, *Teoría y dogmática de los derechos fundamentales*, UNAM, México, 2003, p. 5.

ria. Al ocaso, desde antiguo sobreviene el renacimiento y a éste sigue, otra vez, el ocaso; incluso afirmándose que los derechos humanos fundados en el reconocimiento nacen, no renacen, luego de superada la modernidad y en su actual concepción contemporánea. Pero, la amenaza actual parece ser la de su trivialización por desbordamiento, dada la relativización del mismo concepto de la dignidad humana y su odre garantista fundamental, la democracia política territorial.

Veamos, pues, con vistas a auscultar y, si posible, luego, aproximarnos a una resolución satisfactoria de la cuestión, los antecedentes que explican y dan fundamento a los derechos humanos que concretan a dicha dignidad inmanente; pues al caso, como lo indica González Álvarez, "derechos humanos son humanidad y civilidad amalgamadas por la historia".[2] Por tediosa que resulte, la recreación de lo pasado deja trazas y raíces esenciales, como lo creo, para la reconstrucción normativa del caso.

a) *El ocaso de los derechos hacia la modernidad* [3]

La llegada de la modernidad implica, en lo relacionado con los antecedentes filosóficos y jurídico-políticos de los derechos humanos, un retroceso singular por obra del advenimiento del absolutismo dinástico y del Estado nacional unitario y centralizado que, durante los siglos XVI hasta el siglo XVIII, afirman la soberanía del Monarca hacia dentro

---

2   Rafael González Álvarez, "Aproximaciones a los derechos humanos de cuarta generación", Sociedad Peruana de Ciencias Jurídicas, s/f.

3   Gerhard Oestreich, "La idea de los derechos humanos a través de la historia", prólogo a la obra de Gerhard Oestreich y Karl-Peter Sommermann, *Pasado y presente de los derechos humanos*, Tecnos, Madrid, 1990, passim.

y hacia afuera de sus dominios territoriales, con toda exclusión participativa de los estamentos medievales. Puede decirse por vía deductiva, no obstante, que la nueva configuración del poder político favorece la generalización de la ley y, por ende, propicia germinalmente la igualdad – basamento de la libertad– entre todos aun cuando ella no sea oponible a la nobleza, menos aún al mismo monarca.

Pero, cierto es que la búsqueda de tal plenitud en la organización del poder –al amparo de la idea del necesario Leviatán– junto al desmontaje del régimen político, dualista y jerarquizado –Papado e Imperio– medieval, se obtiene con detrimento de las denominadas "libertades estamentales"; como aquellas que, por ejemplo, garantizan los llamados "juramentos de vasallaje" condicionados, que alcanzan a tener vigencia hasta entrada la modernidad.[4]

Aunados todos los poderes y privilegios en el vértice de las monarquías absolutas europeas, que pasan de esta manera a ser dueñas de todas las personas y de todas las propiedades –excepción hecha de Inglaterra– al largo período que sirve de telón de fondo a las revoluciones americana, francesa y gaditana, le precede ese tiempo citado, que, en paralelo y como paradoja, es asimismo el de aquellos textos –las regulaciones que Alfonso IX otorga a las Cortes de León en 1188, la misma Carta Magna de los ingleses de 1215, las libertades garantizadas por las Siete Partidas

---

4   "Os queda mucho por aprender, sobre la diferencia entre vasallaje y sumisión. Convertirse en vasallo de un cainita noble, un verdadero vástago, no implica a vos mismo ni someter vuestra voluntad, porque el juramento de vasallaje tiene que prestarse libremente. Asimismo, yo os tengo que prestar juramento a vos también, y ambos juramentos son vinculantes", se lee en la obra de ficción novelada, recreada en Alemania, de Matthew W. Macfarland, *Edad oscura: Ventrue*, La factoría de ideas, Madrid, 2014.

(1256-1265) de Alfonso X El Sabio– y aquellas aportaciones que, como antecedentes de los derechos humanos y su igualdad de atribución, hacen los personajes garantes de las libertades medievales y que en la hispanidad ejercen con el nombre de Justicia Mayor; advirtiéndose que son ignorados una vez como llega el Gran Siglo del clasicismo y, más luego, el Siglo de las Luces. Argüelles recuerda bien en 1812 ante las Cortes de Cádiz y al efecto, que "[l]a sublime institución del Justicia mayor y el modo de instruir el proceso criminal serán siempre el objeto de la admiración de los sabios, del anhelo de los hombres de bien y del ardiente deseo de los que aman de corazón la libertad nacional".[5]

Allí están, además, las aportaciones que hace la filosofía escolástica, en especial el dominico Francisco de Vitoria (1492/93-1546) y, más tarde, Hugo Grocio (1583-1645). El primero, inspirado en los estoicos y en el pensamiento cristiano sostiene que "por naturaleza nadie es superior a otro"[6], para luego "defender el principio de igualdad entre españoles y pobladores autóctonos de las colonias". Luego, el maestro holandés, al definir las fronteras entre el Derecho natural y el Derecho positivo, explica cómo el hombre pacta y entrega al Estado su libertad para así ganar la seguridad de sus derechos ciudadanos y el bienestar general, por lo que "reparó en separar del Estado una libertad burguesa limitada; la propiedad debía quedar salvaguardada en todo momento, sobreentendiéndose que estaba como

---

5   Agustín de Argüelles, *Discurso preliminar a la Constitución de 1812*, Centro de Estudios Políticos y Constitucionales, Madrid, 2011, p. 96.

6   Juan Cordero Pando (Edición crítica), *Francisco de Vitoria, Relectio de potestate civili: Estudios sobre su filosofía política*, Consejo Superior de Investigaciones Científicas, Madrid, 2008, p. 332.

protegida por un contrato universal, ya que así se había hecho para mantener la igualdad, tomada en sentido de a cada uno lo suyo".[7]

Las reflexiones de la Escuela Teológica Moral Española, a diferencia del juicio grociano sobre el orden político y la igualdad, encuentran soporte apropiado en distintos textos positivos de la época pudiendo mencionarse, entre otros, los siguientes:

(1) La Ley Primera de Carlos I sobre la libertad de los indios (1526), donde se declara "que los indios sean libres y no sujetos a servidumbre". En el mismo, textualmente, el monarca dispone como su voluntad que:

"...ningún Adelantado, Gobernador, Capitán, Alcaide, ni otra persona de cualquier estado..., sea osada de cautivar in- dios naturales... ni tenerlos por esclavos... ni cambiar por esclavo a ningún indio, ni tenerle por tal, con título de que le hubo en guerra justa, ni por compra, rescate, trueque o cambio,... pena de que si alguno fuere hallado que cautivó, o tiene por esclavo algún indio, incurra en perdimento de todos sus bienes, aplicados a nuestra Cámara y fisco, y el indio o indios sean luego vueltos y restituidos a sus propias tierras y naturalezas con entera y natural libertad, a costa de los que así los cautivaren o tuvieren por esclavos...".[8]

(2) La Bula *Sublimis Deus* concedida por Paulo III (1537), declara que "quienquiera que tenga naturaleza humana es hábil para recibir la misma Fe"; en razón de lo cual el Papa, recordando la enseñanza de Cristo a sus após- toles - *Id y enseñad a todas las gentes* - señala que los in-

---

7   Oestreich, *loc. cit.*

8   Miguel de la Guardia, *Las leyes de Indias*, Establecimiento Tipográfico de Pedro Nuñez, Madrid, 1889, tomo quinto, p. 259.

dios, aun estando fuera de la Fe "no han de ser privados o se les ha de privar de su libertad y del dominio de sus cosas, antes bien pueden libre y lícitamente usar, poseer y gozar de tal libertad y dominio, y no se les debe reducir a servidumbre".[9]

(3) Las Leyes Nuevas de Indias (1542), sancionan textualmente este apartado:

> "Como habemos mandado proveer que de aquí adelante por ninguna vía se hagan los indios esclavos, ansí en los que hasta quí se han fecho contra razón y derecho y contra las provisiones e Instrucciones dadas, ordenamos y mandamos que las Abdiencias, llamadas las partes, sin tela de juicio, sumaria y brevemente, sola la verdad sabida, los pongan en libertad... "[10].

El pensamiento de Grocio, a su turno, refleja cómo, a partir de la época moderna, en razón de la afirmación del absolutismo monárquico y la centralización estatal dinástica comentadas *supra*, la filosofía se ve en la necesidad de acometer otros esfuerzos para encontrarle una nueva fundamentación a la libertad vs. la expansión ilimitada del Poder monárquico. Se produce una suerte de "desteologización"[11] y secularización de los derechos humanos, afirmándoselos en la *ratio* humana y dentro de un escenario que, desprovisto formalmente de estamentos, se vuelca de modo sustancial sobre el individuo[12]; le revaloriza a

---

9   Jacques Lafaye, *Los conquistadores, figuras y escrituras*, FCE, México, 1999, p. 158.

10   Joaquín García de Icazbalceta, *Colección de documentos para la historia de México*, Antigua Librería, 1866, pp. 212-213.

11   Oestreich, *loc. cit.*

12   Francisco Sánchez Blanco, *El absolutismo y las luces en el reinado de Carlos III*, Marcial Pons, Madrid, 2002, p. 196.

partir del Renacimiento bajo influencia de la Reforma protestante, pero cuyo cenit es alcanzado durante el siglo
XVIII gracias a la obra de los enciclopedistas Diderot y
D'Alembert, el *Dictionnaire raisonné des sciencies, des
arts et des métiers*.

La literatura del siglo XVII se encarga de destacar la
grandeza y la miseria del hombre, en una dual percepción
antropológica que dice sobre éste –dentro de una perspectiva positivista en cierne– ora que es "hipócrita, vano e
injusto, incapaz de dominar sus pasiones y de dirigirlas
hacia fines buenos", ora que –según la óptica *iusnaturalista*– es acreedor a tal potencial de grandeza, "no sólo en el
sentido de conciencia de sí mismo sino especialmente en el
sentido de un poder natural" que puede ejercer sin más, por
obra de su condición, un dominio pleno sobre la naturaleza.[13]

En aproximaciones no pocas veces antagónicas, pero
reconociendo que "la naturaleza humana no cambiaba, sino
que era fundamentalmente la misma en todos los tiempos y
lugares",[14] participan de la visión antropocéntrica que sigue al colectivismo estamental del medioevo autores de la
significación de Pascal, La Fontaine, Hobbes, Bayle, La
Bruyére, Spinoza, Descartes, Montaigne, el mismo Grocio
y, entre otros muchos, Bacon, quien siendo "prometeico, y
menos matemático,... puso al hombre dentro y por encima
de la naturaleza".[15]

---

13 Mikel de Viana et al., *El hombre, reto, dimensiones, trascendencia*,
    UCAB, Caracas, 1993, p. 318.

14 *Loc. cit.*

15 Apud. Aguiar, *Los derechos humanos en la Convención Americana*,
    UCAB/Funtrapet, 2009, p. 25. Asimismo, Joseph Anton Lafuerza del Ce-
    rro, "Acerca de los mitos prometeico y fáustico en la tradición cultural de
    Occidente, *Scriptura* (1998), 14, Passim.

Y, frente a un Tomas Hobbes, cuyo Leviatán le transforma en el más grande de los teóricos del absolutismo, aparece también John Locke quien tomando como punto de partida de sus elaboraciones al individuo, no así a la estructura autoritaria familiar, presupone la sociedad política y su gobierno - descartando la monarquía de Derecho divino - como un contrato entre individuos:

> "Las diferencias en la forma de poder político entre Hobbes y Locke se deducen así de sus distintas nociones del estado de naturaleza. En ambos, que no sea ya un atributo de los individuos en el estado de naturaleza puede ser traspasado a aquellos que ejercen el poder político. En Hobbes, nuestra libertad es total y, por ello, el poder del Leviatán es absoluto. En Locke también abandonamos todo aquello a lo que tenemos derecho en el estado de naturaleza, pero dado que hay un derecho natural que debe ser respetado, ni los individuos del estado de naturaleza ni el gobierno de la sociedad civil poseen libertad total, lo cual equivaldría al poder total cuando se vuelve colectiva. Tanto los individuos como el gobierno están obligados a respetar y proteger la vida, la libertad y las posesiones de todos".[16]

b) *Desde la Petition of Rights hasta las Grandes Revoluciones*

Inglaterra, que es donde Locke vierte sus enseñanzas desde la cátedra de Oxford, da testimonio del carácter contractual del orden político con la aprobación de la *Petition of Rights* el 2 de junio de 1628, por la que el Parlamento renueva el *Statutum de Tallagio non Concedendo* redacta-

---

16 Martin Plot, *La carne de lo social: Un ensayo sobre la forma democrático-política* (1. Una genealogía del enigma de la democracia), Prometeo Libros, Buenos Aires, 2008, pp. 48-49.

do en tiempos del Rey Eduardo I y reitera el valor de la Gran Carta de Libertades, según cuyo tenor, antes reseñado, "ningún hombre libre será arrestado... o será obstaculizado en el ejercicio de sus libertades o de sus costumbres..., sino conforme a un juicio legal formado por sus pares...".[17]

Mas, son las normas fundamentales contenidas en la constitución de Carolina (1669-1670) en donde se encuentran cristalizadas las teorías de Locke, pues es él quien supuestamente las redacta por encargo de los Lores propietarios y cuyo preámbulo indica su objeto poco liberal: "evitar el constituir una democracia demasiado inmensa". Aquellas, por ende, no son bien recibidas por los colonos americanos quienes habían gozado de una libertad e igualdad amplias. En el texto de ese documento, en efecto y como lo señalan los comentaristas, se "establecía una especie de oligarquía entre los propietarios, y presentaba una mezcla singular de denominaciones que asombra encontrar reunidas: se veían figurar langraves, caciques, y palatinos"; pero en su esencia repotencia los atributos de los primeros en un esquema estamental que no cede durante la época moderna en Inglaterra y en sus colonias de Norteamérica a diferencia de Europa continental.[18]

Cazeneuve, miembro de la Academia francesa, quien dibuja magistralmente la vida durante el Gran Siglo, el siglo XVII del equilibrio clásico, anota que la gran mayoría de la población europea está constituida por campesinos quienes medran en condiciones miserables– igualados en la

---

17 Ramón Soriano, *Historia temática de los derechos humanos*, Editorial MAD, Sevilla, 2003, p. 139.

18 José Story, *Comentario sobre la constitución federal de los Estados Unidos*, Imprenta y Librería de Mayo, Buenos Aires, 1881, p. 114.

pobreza acotaríamos de nuestra parte –pero dentro de una realidad en donde la esclavitud virtualmente desaparece. Además, la burguesía, confundida socialmente con obreros y campesinos e integrada por médicos, profesores, abogados y otros profesionales liberales, a quienes se suma el funcionariado de justicia y de las finanzas, forman todos parte de ese llamado Tercer Estado en el cual, según acota el mismo Cazeneuve, puede apreciarse una gran movilidad social, nunca imaginada antes. Situación, la descrita, que también es característica del Primer Orden, constituido por el Clero, cuya base –el bajo clero– es bastante pobre, pero con expectativas nada desdeñables de ascenso dentro de la jerarquía social de la época.[19]

El único estamento impermeable o donde la movilidad, cuando más desde los cargos de oficiales de justicia o de finanzas, es sumamente difícil, está representado por la nobleza. Pero su situación no es envidiable. A pesar de que gozan del privilegio de exención de impuestos y del acceso exclusivo y excluyente a las más elevadas funciones del Estado, su poder económico depende virtualmente de unos favores reales magros y cada día más exiguos; por oposición a una burguesía cada vez más fortalecida en lo económico con el crecimiento de la actividad industrial y del comercio, oficios vedados a los *gentilshommes*.

En el siglo XVIII, según el juicio de la doctrina contemporánea, es cuando, por lo mismo y por lo dicho, "se asientan definitivamente los derechos fundamentales como derechos del individuo, inspirados en la ideología liberal del ius naturalismo racionalista". O, como así lo conviene

---

19   Jean Cazeneuve (Éd.), *Histoire des dieux, des sociétés et des hommes*, Hachette, Paris, 1985, pp. 333-345.

Bernard Valade, es entonces cuando llega a su fin "el Antiguo Régimen biológico"[20] encadenando cambios económicos, sociales y mentales. Es, durante el Siglo de las Luces, al decir de Kant, quien responde a la pregunta ¿Quést-ce que Les Lumieres?, cuando, efectivamente, sale el hombre de su estado de tutela y es responsable por sí mismo.[21]

Una historia natural (desteologizada), según Valade, sucede a otra historia santa. Es el tiempo durante el cual la "cuestión del hombre" asume plena propiedad; "la antropología, o sea el estudio del hombre o de la humanidad, se vuelve la nueva reina de las ciencias, desplazando a la filosofía natural, que ha sido tan absorbente en el siglo XVII, como a la teología, vieja reina de la cultura cristiana (medieval)".[22]

La labor de los filósofos de la época no puede calificarse de originaria o fundacional, vistos los antecedentes del siglo precedente; pero, cierto es que la influencia de aquéllos en el ámbito político y en la formulación de los nuevos sistemas de gobierno es extraordinaria, tanto que los mismos se transforman en los primeros agitadores y promotores de las reformas alcanzadas mediante las Grandes Revoluciones del siglo XVIII e inicios del XIX.

Quizás la fractura entre unos y otros viene a radicar en la forma o en el método utilizado para la fundamentación de los derechos del hombre, ora apelando por vía de la

---

20 Enrique Martínez Ruiz et al., *Introducción a la historia moderna*, Istmo, Madrid, 2000, p. 464.

21 Emmanuel Kant, *¿Quést-ce que Les Lumieres?* (1794), Traduction Jean Mondot, Publications de l'Université de Saint Etienne, s/f.

22 Bernard Valade / Renaud Fillieule, *Introduction aux sciences sociales*, PUF, Paris, 1996, passim.

razón al derecho natural, ora por remisión a la idea específica o histórica de la utilidad.

En este último sentido, Jeremías Bentham, en sus *Anarchical Fallacies*, relacionadas con la Declaración francesa de 1789, considera un disparate metafísico soportar la tesis de derechos imprescriptibles e impresos en el espíritu del hombre y protegidos por un *contrato social*, como si se tratase de crear un "código para todos los tiempos, sometiendo así los vivos a los muertos". Para Bentham el principio rector u ordenador de los derechos radica en su utilidad, en el interés por el bienestar general, de donde éstos –los derechos o libertades– han de formularse por vía experimental, sobre la base de hechos probados por la experiencia.[23]

Posiblemente, en posiciones no necesariamente coincidentes, el Barón de Montesquieu (1689-1755) y J. J. Rousseau (1712-1778) junto a los fisiócratas, representen la transición o el punto de equilibrio ideológico entre la escuela del derecho natural, bastante arraigada en el plano popular y en el mundo de las universidades protestantes de Europa, y el llamado relativismo político, que Diderot llega a compartir –luego de abandonar la idea neta del contrato social– cuando afirma que "[l]a voluntad general (sic) no el derecho natural, era la que mejor podía determinar donde, en una sociedad, los intereses generales y comunes terminaban y los derechos de voluntades particulares comenzaban".[24]

---

23 John Bowring, *The Works of Jeremy Bentham*, William Tait, Edimburgh, 1843, p. 494.

24 Denis Diderot et Jean Le Rond d'Alembert, *Encyclopédie ou Dictionnaire raisonné des sciences, des arts et des métiers, (Voix: Droit naturel)*, Paris, 1751.

Montesquieu, en efecto, luego de sostener que "las leyes en su significación más extensa no son más que las relaciones naturales derivadas de la naturaleza de las cosas", también escribe en contra de la "uniformidad jurídica" y en favor de la heterogeneidad de las naciones. Define así, en su magna obra *El espíritu de las leyes*, que el espíritu es el que da a cada nación su carácter especial, por influencia de causas físicas y sociales.[25]

Rousseau, por su parte, de quien se dice es "el apóstol más comprometido con la libertad (y)... quien más intensamente adelantó el espíritu de la revolución (francesa) con su trabajo", sostiene posiciones teóricas divergentes o, mejor aún, evolutivas. En su *Discurso sobre el origen y fundamentos de la desigualdad entre los hombres*[26] y en *El contrato social*,[27] ataca a la filosofía iusnaturalista casi sugiriendo que la voluntad popular puede llegar a sobreponerse sobre los derechos inalienables[28]; pero en su obra *Émile* critica a Montesquieu por ocuparse sólo de las leyes positivas; visto que, según su criterio, es indispensable combinar éstas con los principios generales "para juzgar en

---

25 Montesquieu, *De l'esprit des lois, Garnier*, Paris, 1871, p. 3.

26 J.J. Rousseau, *Discours sur l'origine et le fondemens de l'inegalite parmi les hommes*, Marc Michel Rey, Amsterdam, 1755.

27 J.J. Rousseau, *Contrat social ou principes du droit politique*, Marc Michel Bousquet, Genéve, 1766.

28 "[L]a voluntad del pueblo ó la voluntad soberana que es general, tanto respecto al Estado considerado como el todo, cuanto respecto al Gobierno, considerado como parte del todo. En una legislación perfecta, la voluntad particular ó individual debe ser nula", son sus palabras. J.J. Rousseau, *El contrato social*, Librería de Antonio Novo, Madrid, 1880, p. 87.

materia de gobiernos", pues, "debíamos saber lo que debe ser para juzgar lo que es".[29]

Ahora bien, en este relato lo importante de apreciar es que por obra de los filósofos del XVII y del XVIII logra romperse con la idea del origen divino de los Reyes, transformándose la institución monárquica, por influjo inicial del cartesianismo o racionalismo metafísico y luego por obra del racionalismo empírico de las Luces, en una especie de maquinaria estatal. Así, Federico El Grande de Prusia se autocalifica como "primer servidor del Estado" y "obligado a actuar con probidad, con sabiduría, y con entero desinterés, como si en cada momento él debe rendir cuenta de su administración a sus ciudadanos".[30] Se aprecia al monarca como el "muelle principal" de un andamiaje indispensable para cohesionar y hacer eficiente a la sociedad y con ello garantizar el bienestar y la felicidad de los ciudadanos. De aquí que se hable, entonces, del "despotismo ilustrado".

La defensa de este, no obstante, la asume Voltaire, quien apoyará su causa contra los parlamentarios, quienes a su entender soportan los privilegios y la intolerancia religiosa. Pero, la idea del Estado como un mero instrumento organizativo, manipulable para que produzca libertad e igualdad, también la comparten Helvetius, Burke y el Abad de Siéyès, quienes conciben la política como una tarea de abstracción y ahistórica.

De manera que, sería en definitiva el pensamiento de Rousseau el que introduce el "radicalismo democrático"

---

29 J.J.Rousseau, *Émile, or, concerning education*, Heath & Company, Boston, 1889, p. 88.

30 Fréderic II, Roi de Prusse, *Ouvres posthumes*, Amsterdam, 1789, p. 127.

como base de todo sistema en donde encuentren su justo asidero los "derechos ciudadanos". Dícese, sin embargo, que Rousseau es quien "más se opuso al reconocimiento de los derechos humanos (como anteriores y superiores al Estado e inherentes e inmutables en la persona), al sugerir con el Contrato Social la alienación total de cada hombre con sus derechos en favor de la sociedad, desfigurándolos. Otros sostienen, incluso así, que el Contrato Social se propone transformar la autarquía natural en autonomía política. El contrato, en efecto, es una forma de asociación - como dice el mismo Rousseau - que defiende y protege con toda la fuerza común la persona y los bienes de cada asociado, en la búsqueda de una institucionalidad soberana y colectiva no delegable; antagónica de suyo a la ficción del "déspota esclarecido" que, en Europa busca afianzar su poder durante la crisis acudiendo al sostén de la burguesía capitalista emergente, la que en el caso de Francia se enfrenta, hasta el final, con la nobleza y con el Rey.

Aun así, Montesquieu y la mayoría de los pensadores del siglo XVIII continúan creyendo en las bondades de una sociedad jerarquizada, ciertamente desprovista de los privilegios propios del medioevo, pero en donde el factor de diferenciación social es el producto del talento y de la propiedad; tesis nada difícil de esbozar dentro de un escenario histórico en donde la chusma es tenida como un bloque presto para los servicios manuales, que si bien es el mayoritario de la población está situado todavía -eso sí- "entre el hombre y la bestia".[31] Y, cuando menos, en medio de las

---

31 La expresión, por cierto, evoca uno de los diálogos satirizados que, en el siglo XVI, mejor recrean y exaltan, en la mitología, la superior dignidad del hombre y la naturaleza, al explicar los sacrificios rituales que hace el sacerdote: "Que un hombre no es hombre, que una bestia no es bestia, que la mitad de un hombre no es medio hombre y que la mitad de una

tendencias niveladoras entre las clases sociales, se admite lo imprescindible de conservar estructuras funcionales a un nivel que permita el funcionamiento de la sociedad. La idea de la igualdad, a pesar de ello, no cesa de penetrar en los conductos arteriales del cuerpo social hasta que adviene con mejor suerte en la Revolución Francesa.

El joven Condorcet, precursor de la revolución imagina una sociedad de iguales, pero son Helvetius y Rousseau los verdaderos filósofos de la igualdad. Dice el primero que "el lujo no es, pues, perjudicial en tanto que lujo, sino simplemente en tanto que efecto de una gran desproporción entre las riquezas de los ciudadanos. Así, pues, el lujo nunca es extremado cuando la repartición de las riquezas no es demasiado desigual",[32] pero al ser, según él, las desigualdades producto de los arreglos sociales, sostiene que con buenas leyes y con educación sobreviene la igualdad y los hombres son todos igualmente felices. En Rousseau, a su vez, el principio de la igualdad se perfila agudamente dentro de su señalado Contrato Social, idea ésta que remonta a la reforma protestante y que desarrollan con anterioridad Locke y Grocio, entre otros.

Ahora, siendo que Rousseau es consciente de que la realidad igualitaria no es posible sino "en estados muy pequeños", dado que las desigualdades que contrarían la igualdad original del hombre son obra de la propiedad privada, llega a admitir lo imposible de emparejar poderes y riquezas

---

bestia no es media bestia, que medio hombre o media bestia no es hombre imperfecto o bestia imperfecta, sino más bien una cosa divina y veneranda", le dice Momo a Júpiter. Vid. Giordano Bruno, *Expulsión de la bestia triunfante*, Imprenta de Ramón Angulo, Madrid, 1888, p. 314.

32 *Oeuvres complètes d'Helvetius* (D L'esprit), Tome premier, A Londres, 1779-1780, p. 22.

entre los hombres; por lo cual, al definir lo que es la igualdad, en su concurso de 1751 ante la Academia de Dijon, dice que esta no presupone "sino que el (poder) esté al abrigo de toda violencia y que no se ejerza jamás sino en virtud del rango (otorgado por servicios a la comunidad) y de acuerdo con las leyes; y en cuanto a la riqueza, que ningún ciudadano sea suficientemente opulento para poder comprar a otros, ni ninguno bastante pobre para ser obligado a venderse".

En resumen, propulsa Rousseau, como fundamentos de la moderna libertad y del Estado de Derecho, la igualdad ante la Ley, partiendo de su generalidad y capacidad para sujetar a todos los asociados. Hace de ella, en efecto, un principio ordenador de la institucionalidad al definirle, además, como valor de equilibrio en la construcción de las relaciones recíprocas entre los individuos y entre éstos y el poder social constituido.

Sea lo que fuere, el tránsito desde la experiencia del Estado del Soberano, magistralmente descrito por John Austin, pasando por la visión kelseniana del Estado de Derecho hasta llegar a la supremacía del Derecho por sobre el Estado, según el modelo de Estado de Solidaridad Social y democrático que reseñan Krabbe y Dugüit, no ha sido capaz de diluir la idea fatal del *homo homines lupus*; menos aquella del Estado aislado e independiente, producto de Maquiavelo, "sin conexión con la totalidad orgánica de la existencia humana".

Esta percepción, en efecto, todavía subyace en el manejo práctico que aún hace el Estado de sus respectivas competencias. Está allí circunstante y reaviva, de tanto en tanto, el esquema tribal y colectivista que es propio del mundo jurídico primitivo – negado a la existencia del individuo y de sus derechos fundamentales - y, por lo mismo, reedita miedos y alimenta sin solución de continuidad la desconfianza entre pueblos y naciones.

Ni siquiera las Revoluciones Americana y Francesa, que renuevan con fuerza los incipientes ideales de universalidad y *humanitas* contenidos también y desde antiguo en la propia Constitución antonina del año 212, la cual dispone la igualdad de todos los hombres ante la Ley, alcanzan fracturar en el mediano tiempo la relación "desnaturalizada" que se da entre el hombre y el Estado, y entre aquel, los intereses de la estatalidad y su conciliación con aquellos otros que busca concretar, en su *eternel retour*, la cosmovisión humanista y totalizante en aparente y renovada emergencia. Es como si Hegel hubiese tenido razón al escribir su *Fenomenología del Espíritu o Sistema de Ciencia* (1807) y comentar sobre la tensión entre la ley del corazón y el frenesí de la arrogancia: "...la Revolución Francesa –narra Cassirer– ... empezó con los más altos ideales morales –los ideales de igualdad, libertad y fraternidad– para terminar en el reinado del terror... [y la] Revolución Francesa ha glorificado esta destrucción".[33]

c) *Las codificaciones revolucionarias*

Dentro de las codificaciones que se alcanzan en la época de la Ilustración, son las Declaraciones Americanas las primeras que formalizan el cambio histórico y sirven, más luego, de apoyo a las previsiones adoptadas en la Declaración de los Derechos del Hombre y del Ciudadano de 1789.

La Declaración de Derechos del Buen Pueblo de Virginia (1776), bastante influida por las concepciones iusnatu-

---

33 Ernst Cassirer, *El mito del Estado*, FCE, México, 1974, p. 304.

ralistas de Pufendorf y del mismo Locke, es un buen ejemplo de lo dicho. En ella se estatuye lo siguiente:

I. "Que todos los hombres son por naturaleza igualmente libres e independientes y tienen ciertos derechos innatos, de los que, cuando entran en estado de sociedad, no pueden privar o desposeer a su posteridad por ningún pacto..."

IV. "Que ningún hombre o grupo de hombres tiene derecho a percibir de la comunidad emolumentos o privilegios exclusivos o especiales, sino sólo en consideración a servicios públicos prestados; los cuales, no pudiendo trasmitirse, hacen que tampoco sean hereditarios los cargos de magistrado, legislador o juez".

VI. "Que...todos los hombres que den suficientes pruebas de permanente interés por la comunidad... posean el derecho de sufragio y no pueden ser sometidos... por ley alguna a la que, del mismo modo, no hayan consentido para el bien público".

VIII. "Que... nadie sea privado de su libertad, salvo por mandato de la ley del país o por juicio de sus iguales".

XVI. "Que... todos los hombres tienen igual derecho al libre ejercicio de la religión de acuerdo con el dictamen de su conciencia".

La Declaración de Independencia de los Estados Unidos (1776), debida fundamentalmente a Thomas Jefferson, juridifica el ideario iusnaturalista racionalista por oposición a la tradición historicista que caracteriza al *Bill of Rights* británico y, de una manera contundente sostiene por evidente, en sí misma, la siguiente verdad:

"Que todos los hombres son creados iguales; que son dotados por su Creador de ciertos derechos inalienables; ... que para garantizar estos derechos se instituyen entre los hombres los gobiernos, que derivan sus poderes legítimos del consentimiento de los gobernados; que siempre que una forma de gobierno se haga destructora de estos principios, el pueblo tiene el derecho a reformarla o a abolirla, e instituir un nuevo gobierno que se funde en dichos principios, y a organizar sus poderes en la forma que a su juicio sea la más adecuada para alcanzar la seguridad y felicidad".

Es, a todo evento, la Declaración de 1789, la "máquina de guerra contra el Antiguo Régimen"[34], pues niega de plano el absolutismo y los privilegios, la arbitrariedad de la justicia, la intolerancia religiosa. Mirabeau y el Abad de Siéyès son sus principales redactores, pero J.J. Mounier es su apologista al destacar que "para que una constitución sea buena, es preciso que se fundamente en los derechos del hombre y que, por supuesto, los proteja"[35].

Así, en ella se pauta, textualmente, lo siguiente:

Art. 1. Los hombres nacen libres e iguales en derechos. Las distinciones sociales no pueden fundamentarse más que en la utilidad común".

Art. 2. La meta de toda asociación política es la conservación de los derechos naturales e imprescriptibles del hombre. Estos derechos son: la libertad, la propiedad, la seguridad y la resistencia a la opresión".

Art. 6. La ley es la expresión de la ley (voluntad) general. Todos los ciudadanos tienen derecho a participar personalmente, o a través de sus representantes, en su formación. Debe ser la misma para todos, así cuando protege como cuando castiga. Todos los ciudadanos, al ser iguales ante

---

34 Marcelino Menéndez y Pelayo, *Historia de las ideas estéticas en España*, Tomo 5 (Siglo XIX), Imprenta de A. Pérez Dubrull, Madrid, 1891, p. 480.

35 Xavier Le Pichon, *Las raíces del hombre: de la muerte al amor*, Editorial Sal Terrae, Santander, 2000, p. 157.

sus ojos, son igualmente admisibles a todas las dignidades, puestos y empleos públicos, según su capacidad, y sin otra distinción que la de sus virtudes y sus talentos".

Art. 16. Toda sociedad en la cual la garantía de los derechos no está asegurada ni la separación de los poderes establecida, no tiene Constitución".

En igual orden, la adopción por el Supremo Congreso de Venezuela, el primero de julio de 1811, en su sección legislativa para la Provincia de Caracas, antes de que se declarase la Independencia, de una Declaración de los Derechos del Hombre, explica a cabalidad y de manera anticipada al dictado posterior de la Constitución, que se hará hacia el 24 de diciembre, el modelo político democrático en que se afirma la ingeniería constitucional naciente y la sujeción cabal de sus expresiones orgánicas –y sus competencias– a los principios ordenadores y superiores de la soberanía popular y del respeto y garantía de los derechos del hombre.

En la primera parte de la Declaración, que contiene a los artículos 1 a 7, claramente se prescribe (1) la residencia de la soberanía en el pueblo, que es imprescriptible, inenajenable e indivisible, como que, a la par de que la representación expresa un mandato de suyo revocable y temporal, la misma pertenece a todo el pueblo en su conjunto y no a sus partes o corporaciones, individuos o ciudades que pretendan usurparla; (2) la voluntad del pueblo es la que otorga legitimidad y legalidad al gobierno, que es temporal; y (3) la legalidad se funda en la igualdad ante la ley y en la compatibilidad de los actos del gobierno y los magistrados con el respeto ora de la soberanía, ora de los derechos del hombre, como lo ajustan con amplitud el preámbulo de la misma Declaración y el artículo 1 de su apartado sobre Derechos del hombre en sociedad:

"El Supremo Congreso de Venezuela en su sesión legislativa, establecida para la provincia de Caracas, ha creído que el olvido y desprecio de los Derechos del Pueblo, ha sido hasta ahora la causa de los males que ha sufrido por tres siglos: y queriendo empezar a precaverlos radicalmente, ha resuelto, conformándose con la voluntad general, declarar, como declara solemnemente ante el universo, todos estos mismos Derechos inenajenables, a fin de que todos los ciudadanos puedan comparar continuamente los actos del Gobierno con los fines de la institución social: que el magistrado no pierda jamás de vista la norma de su conducta y el legislador no confunda, en ningún caso, el objeto de su misión".

Artículo 1. El fin de la sociedad es la felicidad común, y el Gobierno se instituye al asegurarla.

Y siendo la felicidad común, como idea integradora, en el goce del derecho a los derechos y sus garantías, a saber, de la libertad, la seguridad, la propiedad, y la igualdad de derechos ante la ley, sus límites son aquéllos – dicho con expresiones de actualidad – que se derivan del Bien Común en una sociedad democrática, según lo reza el artículo 1 del apartado sobre Deberes del hombre en sociedad:

Artículo 1. Los derechos de los otros son el límite moral y el principio de los derechos, cuyo cumplimiento resulta del respeto debido a estos mismos derechos. Ellos reposan sobre esta máxima: haz siempre a los otros el bien que querrías recibir de ellos, no hagas a otro lo que no quieras que te hagan a ti.

En 1812, en el marco de la evolución explicada, ha lugar a otra obra sabia pero transaccional entre El Leviatán y el individuo, pues sin que medie, esta vez, el regicidio revolucionario francés precedente, en las Cortes Generales y Extraordinarias españolas reunidas en Cádiz se aprueba la celebérrima Constitución doceañista también llamada La

Pepa por su ejecución un 19 de marzo, día de San José. En ella, que luego modela al constitucionalismo italiano, mexicano, centroamericano y el del Cono Sur americano, se consagra la igualdad entre españoles peninsulares y americanos, negros e indios, y se declara como obligación de la nación española "conservar y proteger con leyes sabias y justas la libertad civil, la propiedad y los demás derechos legítimos" (artículo 4), destacando la libertad de imprenta y la prohibición de censura. No solo eso, sino que, en decreto posterior, las Cortes gaditanas mandan a los tribunales conocer con preferencia a otros negocios los relativos a la infracción de la Constitución; con lo que se crea el primer experimento de control difuso de constitucionalidad y amparo de los derechos y libertades del hombre y del ciudadano.[36]

El propio Carlos Marx, al elogiarla y destacar su originalidad –obra, según él de unas Cortes "que no tienen precedente en la historia"– subraya que "introduce las reformas reclamadas abiertamente por los escritores y estadistas más eminentes del siglo XVIII".[37]

d) *En tránsito hacia el constitucionalismo contemporáneo, entre la igualdad y la libertad*

Sea lo que fuere, apartados sus mencionados detractores, la experiencia histórica, normativa y estimativa, coincide en la idea del fundamento de los derechos del hombre en su naturaleza racional, en su inherente dignidad. La influencia preferente de la Revolución Francesa y de sus

---

36 Asdrúbal Aguiar, *Libertades y emancipación en las Cortes de Cádiz de 1812*, Editorial Jurídica Venezolana, Caracas, 2012, p. 173.

37 Artículo que escribe para el *New York Daily Tribune*, 24 de noviembre de 1854.

enseñanzas se va extendiendo paulatinamente y en tal orden, si bien no de manera inmediata, hacia la totalidad del mundo occidental y nutre parte sustantiva del constitucionalismo de América Latina a partir de 1830.

La verdadera consagración ideológica de la igualdad en derechos, como principio y valor de aplicación general y universal, base de la moderna libertad, es sin embargo el motivo de diatriba acerca de la expansión y universalización de los derechos humanos; tanto que apenas alcanza su cristalización con el surgimiento contemporáneo de la idea del Estado Social de Derecho junto a la instauración mayoritaria de la democracia política como sistema de gobierno.

Durante el siglo XIX, la igualdad formal (igualdad ante la ley, igualdad de acceso a los empleos públicos y contribución equitativa con los gastos del Estado o igualdad tributaria) consagrada por las revoluciones americana y francesa no tiene en cuenta las desigualdades de hecho que propicia la nueva división de las sociedades modernas entre propietarios y no propietarios, incidente, incluso, en el ejercicio universal de los derechos políticos o de ciudadanía. Salvo, como cabe subrayarlo, en el caso del constituyente gaditano de 1812, que consagra de modo igual el voto censitario, pero postula, antes bien y como medida, el deber del Estado en cuanto a dotar de propiedad a los ciudadanos a fin de hacerlos cabalmente libres en un contexto en el que toda propiedad es del monarca o de los institutos llamados de manos muertas, las Iglesias.[38] Ocurre, así, una

---

38   Agustín de Arguelles, *Exámen histórico de la Reforma Constitucional*, Tomos I y II, Londres, Imprenta de Carlos Woods e hijo, 1835, apud. Asdrúbal Aguiar, "La dimensión social de la democracia y su estatuto interamericano", *Anuario de Derecho Constitucional Latinoamericano*, Año XIX, Fundación Konrad Adenauer, Bogotá, 2013, pp. 225-226.

suerte de anticipo a los movimientos contemporáneos de reforma agraria.

De suyo, dos tendencias pugnan durante el pasado siglo acerca de la idea de la igualdad. "Por una parte, el liberalismo conservador, [la considera]... incompatible con la libertad, y por la otra, el marxismo, ...niega la posibilidad de mantener un proceso de igualación, que conduzca hacia la sociedad comunista, con el mantenimiento del Estado liberal parlamentario". Los primeros, están influidos por la obra de Adam Smith, *Una investigación sobre la naturaleza y las causas de la riqueza de las naciones* (1776), quien mediante la crítica del mercantilismo propugna la libertad de empresa sin interferencia alguna del Estado y, con ello, el derecho de los más pudientes.

La clase peor situada económicamente (*le peuple*), víctima del Estado moderno absolutista comienza a padecer, sucesivamente, los abusos de los "nuevos ricos" experimentando una progresiva pérdida de su libertad social y económica, sumiéndose en la más humillante de las desigualdades. Y allí se origina la tesis reivindicativa de los trabajadores ingleses, para quienes el trabajo es el título jurídico de la propiedad, y que ha lugar al insurgir, durante 1837-1838, el primer movimiento socialista (algunos lo tildan de reformista radical) de Europa, llamado cartismo (*Chartism*), nacido en el Reino Unido, consecuencia de la Revolución Industrial, y amalgamador de la clase obrera en su agitación.[39]

---

[39] George Rudé, *La multitud en la historia: Los disturbios populares en Francia e Inglaterra: 1730-1848,* Historia de los movimientos sociales/Siglo XXI Editores, , 1972, p. 185 y ss.

Uno y otro extremo, el liberalismo conservador y el marxismo-leninismo, exponen tendencias que atentan contra el valor y la vigencia integral de los derechos del hombre, ora abrogando la igualdad ora conculcando la libertad en búsqueda de la primera, siendo que una y otra resultan indivisibles como lo sostiene la conjunción ideológica del liberalismo progresista de J. S. Mill[40] y del socialismo democrático de Berstein[41]. Y así, reivindicados los derechos civiles y políticos junto a los económicos, sociales y culturales, emerge no sólo la limitación de la propiedad privada por razones de interés social como la consagran la mayoría de las constituciones del siglo XX, sino que también se conoce –como aportación alemana a la extensión de los derechos del hombre, según consta de su Ley de protección en caso de enfermedad, accidente, invalidez o vejez, de 1883– el derecho actual a la protección social, que en Venezuela sólo se alcanza en 1936.

En este orden de ideas cabe afirmar, en suma y como recapitulación intelectual, que corresponde al Estado liberal que nace de la Revolución Francesa y a las "corrientes espirituales" (Locke, Montesquieu, Rousseau) que le sirven de base desmontar definitivamente el viejo orden estamental y de privilegios y al Estado del absolutismo monárquico. Pero el orden en cierne supone, equivocadamente, que

---

40 Según éste, por cierto, "es evidente que el único gobierno que satisface por completo las exigencias del estado social es aquel en el cual tiene participación el pueblo entero... Pero puesto que en una comunidad que exceda los límites de una pequeña población nadie puede participar personalmente sino de una porción muy pequeña de los asuntos públicos el tipo ideal de un gobierno perfecto es el gobierno representativo". Apud. Aníbal Américo D'Auria, *Teoría y crítica del Estado*, Eudeba, Buenos Aires, 2012.

41 Eduard Bernstein (Berlín, 1850-1932), es uno de los fundadores de la social democracia, revisionista del marxismo.

la salvaguarda de los derechos del hombre, anteriores y superiores al Estado, sólo se alcanza dentro de una sociedad auto determinada e ilimitadamente libre de toda interferencia del poder estatal; poder del Estado, por lo demás, tutelado por el Derecho y fracturado, dividido, por influjo de las enseñanzas del autor de *El espíritu de las Leyes*.

Los actores de la Revolución Francesa lamentablemente no se percatan que la arbitrariedad también puede instalarse –como así ocurre– en la misma sociedad y más allá del Estado como expresión de su organización jurídica política. Por lo cual, los derechos humanos como conquista, y la libertad e igualdad en tanto que fundamentos del nuevo orden construido sobre sus bases, han de traducir en hipótesis la idea del "equilibrio social", no la ruptura maniquea que a fin de cuentas significa el mismo proceso de 1789. El acento radical de la Revolución Francesa, según Bloch,[42] gravita menos en la idea de libertad que en la de igualdad; tanto que François Nöel (Gracchus) Babeuf, el socialista de 1794 que se incorpora a las tendencias proletarias durante el desenlace de la revolución se proclama, a sí mismo, el tribuno de la libertad afirmando de cara a la Constitución del año III la hipocresía de la fórmula *les hommes sont égaux*.

Vale así, sólo en tal perspectiva, la tesis historicista según la cual el orden liberal nacido de la Revolución trae el germen de su propia destrucción y, junto a él, de la destrucción del régimen de libertades públicas que intenta consagrar. En efecto, de la misma manera que la igualdad absoluta violenta toda noción y germen de libertad, ésta

---

42   Ernst Bloch, *Derecho natural y dignidad humana*, Dykinson, Madrid, 2011, p. 169.

última como valor absoluto es, como lo demuestra la experiencia napoleónica, madre legítima del despotismo y la arbitrariedad.

En aquella, la Constitución del año III, en efecto, a diferencia de la Declaración de 1789, se consagra y clasifica a la igualdad como derecho natural e imprescriptible del hombre; pero, a su vez, se restablece el "sufragio indirecto" exigiendo del elector el pago de una contribución directa personal o sobre sus bienes inmuebles. De manera tal que el mismo Babeuf sostiene, a renglón seguido, que la libertad es dependiente de la igualdad económica, es decir, de la abrogación de barreras entre ricos y pobres con vistas al sufragio. Y dado ello, por considerar que la opresión es producto de la desigualdad económica, afirma que la propiedad privada es la "fuente de todos los males".[43]

2. *Hacia la centralidad de la persona humana en el siglo XX*

La precedente narrativa basta, es suficiente para extraer algunas enseñanzas acerca del dilema histórico, no solo actual, entre el poder y la razón o la fe, que tiene lugar desde la forja de las repúblicas hasta una vez concluidas las Grandes Guerras del siglo XX; de cuya resolución aún depende la construcción de otra narrativa sobre la democracia, el Estado de derecho y los derechos humanos mejor adecuada al siglo en curso.

La forja del Estado moderno, como construcción racional que sobreviene al mundo medieval para resolver sus

---

43 A.E. Pérez Luño, *Dimensiones de la igualdad*, Dykinson, Madrid, 2007, p. 54; ídem, Raúl Alfonsín, *Fundamentos de la república democrática*, Eudeba, Buenos Aires, 2006, p. 454.

formas intestinas de violencia –en su mayoría teologizadas– tiene como consecuencia no la absorción, sino la pulverización o cosificación de la persona humana, apenas recipiendaria de las concesiones que le hace el poder absoluto para aliviarle algunas de sus penas en su tránsito mundano. Todo ello a contrapelo de las reflexiones filosóficas críticas mencionadas que se plantean en paralelo, como intersticios para la fundamentación y/o reivindicación de los derechos humanos.

La obra mencionada de Hobbes es la que mejor ilustra la experiencia, a la que se refiere de modo amplio y con juicio crítico Francisco Piñón Gaytán, en los términos siguientes:

"[E]ste Leviatán, cuya cabeza es el soberano, está plagado de mitos. Está convencido, por ejemplo, de que las ideas de libertad y de crítica son patologías sociales que deben ser extirpadas. Hobbes hablaría por su Leviatán un lenguaje absolutista, que trataría de atribuir al poder de las ideas, filosóficas y teológicas, la causa de los males ingleses... Por eso estructura una visión unitaria y totalitaria del poder. Hobbes no acepta poderes divididos".[44]

Pero Piñón se encarga, justamente de diluir el mito del Estado absoluto, incluida su versión ilustrada:

"Hobbes olvida que su Leviatán también puede tener pasiones. Y, obviamente, pasiones en grande. El "alma" de su Máquina también puede tener "su" libertad, pero puede ser tan bestial y salvaje como su libido. Y su máquina, compuesta con partes de racionalidad, al tener también su *voluntas*, ya no será tan solo (pero puede serlo) un mero accionar

---

44 Francisco Piñón Gaytán, *Filosofía y fenomenología del poder*, Plaza y Valdés, México, 2003, p. 165.

mecánico o cibernético, sino un Leviatán, o sea, un monstruo bíblico: un poder religioso y civil".[45]

Ocurre luego, es verdad y según lo explicado, la despersonalización del poder con las revoluciones del siglo XVIII; lo que no basta, como se demuestra. De allí la paulatina forja de un Estado liberal, alejado y extraño a la cotidianidad del individuo y protegido éste en sus derechos fundamentales mediante la división del mismo poder del Estado, pero en lo sucesivo sujeto a dos amenazas que adquieren una firme validez histórica: Una, la posibilidad de que la violencia haga cuna, como la hace y cabe reiterarlo, en el seno de la misma sociedad – amamantada por sus derechos liberales conquistados en lucha fratricida contra el Antiguo Régimen – degenerando en el jacobinismo; lo que le abre puertas a la dictadura y provoca rechazos en los ánimos v.gr. de quienes luchan por la libertad en la España doceañista o en la América mirandina; y otra, que la influencia de Rousseau, con su contrato social, le hace espacio generoso al autoritarismo, a un despotismo de nuevo cuño producto de la alienación que hace de sí el mismo individuo en beneficio del Estado – una suerte de renovado juramento de vasallaje medieval – para asegurarse espacios de libertad.

Los ejemplos de la desviación esquizofrénica sobran, más allá de la teoría y de los textos normativos constitucionales que signan la historia del siglo XIX y la primera mitad del siglo XX: En Europa el bonapartismo y luego el nacional socialismo y el fascismo, y en América, sin solución de continuidad, al amparo de nominalismos garantistas y republicanos, primero los gendarmes necesarios o césares democráticos, luego sus largas dictaduras militares.

---

45   *Loc. cit.*

Así, la necesidad de rescatar al Estado mediante su transformación, planteada a raíz de la 2a. Guerra Mundial, como también de resolver la tradicional oposición individuo-sociedad vs. el Estado, argumento éste en el que centran los teóricos de la Revolución Francesa el problema del reconocimiento y garantía de los derechos del hombre, explican la idea de la sobrevenida supranacionalidad de los derechos humanos y su integración a un emergente orden público internacional de matriz ética, cuanto el advenimiento del llamado Estado Social de Derecho y sucesivamente la afirmación de la llamada corriente neoconstitucionalista, que ata el ejercicio del poder al principio *pro homine et libertatis*. Y ello le ofrece a la misma democracia y a las leyes de garantías de los derechos fundamentos ontológicos inexcusables, que les atan en sus desempeños y finalidades normativas: así sean los del mínimo común que reclama el pluralismo y la idea de la diversidad cultural, social y política, y como freno de la anarquía y de las tendencias hacia la superposición de las mayorías democráticas en desmedro de los derechos de las minorías.

No huelga señalar al respecto, como experiencia a considerar, según lo afirmara Schmidt, que "la neutralidad axiológica y sin contenido de la Constitución propia del estado legislativo parlamentario", es también la que luego posibilita en Weimar que una mayoría pueda sancionar cualquier contenido normativo hasta el punto de hacer mudar a una república en monarquía.[46] Tanto como Sartori, a su vez, señala a la manifiesta fragmentación partidista[47] o

---

46 Javier Flax, *La democracia atrapada: Una crítica del decisionismo*, Editorial Biblos, Buenos Aires, 2004, p. 125.

47 Giovanni Sartori, *Ingeniería constitucional comparada*, FCE, 2003, p. 145.

un parlamento a merced del poder de "intereses corporativos"[48] atomizados, ajenos a un denominador común y en pugna, como la debilidad de dicho constitucionalismo en Alemania, antesala del nazismo y de la entronización del mal absoluto.

a) *La dignidad humana y el orden público internacional*

El cambio cualitativo contemporáneo y a profundidad respecto de los derechos humanos y su codificación ha lugar, qué duda cabe, sobre el drama del Holocausto. Le sucede, purgada la neutralidad constitucional precedente, el respeto a la dignidad humana y el reconocimiento de los derechos humanos como la estipulación de sus garantías, como propósito no sólo compartido entre los Estados sino de la comunidad internacional en su conjunto; pasan a formar parte del emergente orden público internacional junto a la prohibición del uso de la fuerza entre los Estados y la obligación de la solución pacífica de las controversias entre éstos.

De tal modo se ven trastocadas no solo la idea clásica de la soberanía del Estado y su poder absoluto, en lo adelante sujeto y limitado en sus competencias normativas bajo los indicados componentes del orden público mundial, sino que, también y por obra de los mismos derechos humanos se modifica la estructura relacional de los Estados y sus propias concepciones constitucionales. Hasta ese momento, justamente, permanecen éstos en una condición de impermeabilidad jurídica los unos con relación a los otros y todos frente a las expresiones normativas de vocación in-

---

48 Gregorio Saravia, *Thomas Hobbes y la filosofía política contemporánea: Carl Schmitt, Leo Strauss y Norberto Bobbio*, Dykinson, Madrid, 2011, p. 42.

ternacional, aparte de sobrepuestos en el orden interno a la manera del Leviatán.[49] El derecho y sus contenidos, hasta entonces, son una realidad dependiente del voluntarismo y la discrecionalidad del poder que ellos, los Estados, ejercen, ajenos a cualquier atadura ontológica.

El Derecho internacional de la posguerra, es verdad, no reconoce en lo inmediato la subjetividad jurídico internacional plena del individuo, dada la prorrogada preeminencia del sistema internacional de los mismos Estados. Pero, sucedida la guerra, la Carta de San Francisco de 1945, que instituye a la Organización de las Naciones Unidas, consagra como su fin y propósito –vale decir como norma de derecho imperativo y de progresiva realización– el señalado reconocimiento y respeto de los derechos humanos por parte de aquéllos, en tanto que miembros de la comunidad jurídica y política internacionales.

A la persona humana, desde entonces, no sólo se le reconocen y aseguran sus derechos como tal y dada la dignidad inmanente del hombre que los fundamenta, sino que, de modo directo y en sede internacional, sin importar cuál sea su Estado de adscripción o nacionalidad, también se le sanciona por sus acciones u omisiones cuando violan de manera grave y sistemática los derechos humanos de terceros, con agravio y desprecio profundo por la conciencia de la Humanidad.[50]

Más tarde, en el seno del Consejo Económico y Social de la ONU, una vez iniciadas sus actividades en 1947, se instituye una Comisión de los Derechos del Hombre, que

---

49 Asdrúbal Aguiar, *Código de derecho internacional*, UCAB, Caracas, 2009, pp. 69 y ss.

50 Ídem, pp. 371 y ss.

asume como su cometido primordial hacer realidad el planteamiento llevado al seno de la organización planetaria por el presidente Harry S. Truman de los Estados Unidos de América. Surge, entonces, el Proyecto de Declaración Universal adoptado sin objeciones por la Asamblea General el 10 de diciembre de 1948. Antes, la X Conferencia Internacional Americana, reunida en Bogotá durante el primer semestre de dicho año, valida en la esfera regional los predicados del mencionado documento, en cuyo texto el individuo, por vez primera, es reconocido como sujeto pasivo y directo de atribución de derechos por parte del Derecho internacional.

¿Cómo pudo alcanzarse –es la pregunta– un acuerdo contemporáneo acerca de los derechos humanos, su enunciación y reconocimiento internacional aparte de su imposición por sobre el orden constitucional y soberano de los Estados, en medio de la diatriba histórica que provoca su distinta y secular fundamentación filosófica, sociológica o normativa?[51]

Muchos estudiosos reconocen que en el campo de exterminio de Auschwitz, en tanto que símbolo del sufrimiento de millones de hombres, la inmensa mayoría judíos, a manos de la arrogancia de los Estados y sus gobiernos, reside el origen de la Declaración Universal de 1948.[52] Empero, el filósofo católico Jacques Maritain, quien contribuye de manera importante, desde la UNESCO, a su

---

51 Aguiar, *Los derechos humanos en la Convención...*, *op. cit.*, pp. 42 y ss.

52 José Vicente Mestre Chust, *Los derechos humanos*, Editorial UOC, Barcelona, 2007, p. 25; Rafael Enrique Aguilera Portales, "Legitimidad constitucional, legalidad y legitimación democrática de la desobediencia civil", en la obra de Juan Antonio Gómez García (Editor), *Legalidad y legitimidad del Estado democrático*, Dykinson, Madrid, 2014, p. 244.

fragua, narra a manera de anécdota lo que fue la respuesta unánime de los autores de la Declaración: "Sí... hemos llegado a un acuerdo sobre estos derechos, pero a condición de que no se nos pregunte porqué".[53]

Los tratados internacionales que luego siguen a dicha Declaración –los Pactos Internacionales de Derechos Civiles y Políticos, y de Derechos Económicos, Sociales y Culturales de 1966– como a la Declaración Americana –a saber, la Convención Americana de Derechos Humanos de 1969– poseen, de conjunto y en lo sucesivo, por lo explicado, una naturaleza especial que es importante contemplar para los fines de una exégesis y aplicación adecuadas de las normas que forman al actual y novedoso Derecho de los derechos humanos, tanto en lo internacional como en el plano constitucional y democrático de los Estados.

El tratado de derechos humanos, cabe ilustrarlo al margen, es fuente de derecho escrito y obliga a quienes son sus Estados partes, pero, por razón de su materia, consagra derechos a favor de personas y no de los Estados, a quienes, antes bien, se les fijan obligaciones concretas e imperativas con relación a éstos y de un modo directo.

Todo tratado de derechos humanos, además, es un instrumento vivo, según lo dice la Corte Interamericana de Derechos Humanos, que, si bien les da carácter jurídico objetivo a los derechos contenidos v.gr. en la Declaración Americana, asignándoles fuerza vinculante formal y obligacional, "su interpretación tiene que acompañar la evolu-

---

53 Jacques Maritain (Introducción), *Sobre la nueva Declaración Universal de los Derechos del Hombre: Textos reunidos por la UNESCO*, Du Sagitaire, Paris, 1949. Texto original: *Human Rights: Comments and interpretations* (With an introduction by Jacques Maritain), UNESCO/PHS/3 (rev), Paris, 25 july 1948.

ción de los tiempos y las condiciones de vida actuales" (Corte IDH, *Caso de los Hermanos Gómez Paquiyauri*, 2004). "Los tratados de derechos humanos, lo dice la doctrina, no sólo establecen derechos para las personas y obligaciones para los Estados partes, sino que, en realidad, consagran un sistema para proteger la dignidad humana que constituye un verdadero orden público internacional, cuyo mantenimiento debe ser de interés de todos los Estados que participan en el sistema".

Se trata de derechos y de obligaciones que tienen o alcanzan validez, justamente, en el ámbito de la comunidad jurídica internacional y ésta los asume como elementos de su orden público, bajo la idea de que todos los seres humanos son iguales en dignidad y en derechos y gozan de los mismos más allá de las fronteras de sus Estados de nacionalidad o residencia. Pero las obligaciones de respeto y de garantía asumidas por los Estados partes no se realizan en el ámbito abstracto de lo supranacional, sino allí, justamente y por lo pronto, donde se encuentran situados los seres humanos, individuos y personas, es decir, el ámbito de aplicación territorial del Derecho y de las leyes nacionales.

Las disposiciones de los tratados internacionales de derechos humanos, en consecuencia, se realizan o alcanzan plenitud en todo momento dentro del espacio en el que ejerce su jurisdicción el Estado parte y al amparo de sus normas constitucionales; en defecto de lo cual, por vía subsidiaria, actúan los órganos internacionales de tutela. Pero ello es u opera así, cabe repetirlo, por una finalidad, como la es alcanzar que los Estados cumplan con el respectivo tratado dentro de sus ámbitos de validez soberana, con vistas al principio de efecto útil (*effet utile*), respetando concretamente los derechos consagrados y garantizándolos toda vez que sea necesario (Corte IDH, *Caso Hermanas Serrano Cruz, Excepciones*, 2004). Y atendiendo, además, al citado principio ontológico *pro homine et libertatis*, que alcanza fuerza imperativa dentro del Derecho de los derechos humanos a lo largo de la segunda mitad del siglo XX.

Según la jurisprudencia consultiva de la Corte Interamericana, en suma, "los tratados modernos sobre derechos humanos, en general, y, en lo particular, la Convención Americana, no son tratados multilaterales del tipo tradicional, concluidos en función de un intercambio recíproco de derechos, para el beneficio mutuo de los Estados contratantes [...]. Al aprobar estos tratados sobre derechos humanos, los Estados se someten a un orden legal dentro del cual ellos, por el bien común, asumen varias obligaciones, no en relación con otros Estados, sino hacia los individuos bajo su jurisdicción..." (Corte IDH, *Opinión Consultiva* OC-2/82), según lo indicado supra.

En este orden se explica que no pocos Estados otorguen a dichos tratados sobre derechos humanos, actualmente, rango equivalente a las normas de sus constituciones y los integren al llamado bloque de la constitucionalidad; dado lo cual se aplican las normas de estas o las de aquéllos que mejor expresen, en sus confrontaciones, el reiterado principio *pro homine et libertatis*, o de mayor favor o máxima protección en cuanto a los derechos humanos concernidos y sus correspondientes garantías.

La Declaración Americana de 1948 como la Convención Americana de 1969, en común reconocen que los derechos esenciales del hombre "tienen como fundamento los atributos de la persona humana"; de donde se colige que los mismos no le corresponden a ésta por ser nacional de un determinado Estado o por que se los acuerde su estatuto constitucional. De suyo, tales derechos, inherentes al hombre como tal y por ser tal en su naturaleza, son anteriores y por ende superiores al mismo Estado, que tiene la obligación de respetarlos, de reconocerlos y de garantizarlos dentro de su jurisdicción interna y también en sede internacional, como parte que es de los instrumentos normativos multilaterales que los obligan.

Sin establecer una jerarquización de valores, cabe observar que los considerandos más sugerentes de la Declaración Americana citada son, al respecto, en primer lugar, el ya señalado, en cuanto a "que los derechos esenciales del hombre no nacen del hecho de ser nacionales de determinado Estado, sino que tienen como fundamento los atributos de la persona humana". En segundo lugar, el que alude al carácter progresivo de la Declaración y dice que ésta, unida a las garantías que ofrezcan para su realización las leyes internas de los Estados, apenas "establece el sistema inicial de protección"; lo cual explica que, más tarde, en el texto de la Convención Americana se prescriba que la nómina o enunciación de los derechos reconocidos no excluye de su protección –respeto y garantía por cada Estado– "otros derechos y garantías que son inherentes al ser humano o que se derivan de la forma democrática representativa de gobierno".

El individuo, a manera de colofón, reiterando lo antes dicho, además de titular de sus derechos humanos deviene en nuestra contemporaneidad en igual depositario de deberes y obligaciones internacionales, internacional y nacionalmente exigibles, cuando hacen relación con atentados a los mismos derechos. Queda rota para lo sucesivo, en consecuencia, la neta separación que entre el ordenamiento normativo internacional y el de los Estados se había mantenido hasta 1945, pero que ahora se ve cauterizada por ese elemento ontológico preferente: el respeto de la dignidad de la persona humana, que trasvasa jurisdicciones y somete al conjunto del Derecho y define el contenido y alcances de los derechos.

A más de 70 años de distancia, es evidente que las Declaraciones americana y universal, como ejemplos, por obra del señalado principio de la progresividad derivado de la misma condición perfectible del ser humano, ha sido superada por los pactos y convenciones universales y regionales que actualmente reconocen y garantizan la vigencia de los derechos humanos en el plano internacional, sujetando incluso a la soberanía de los Estados. Pero aquellas tienen como virtud, a todo evento, haber advertido acerca de la integralidad de los derechos del hombre, que no se reducen a los políticos y civiles, sino que se expresan en todos los escenarios en los que es capaz de realizarse éste en correspondencia con su dignidad inmanente. A la par de aquellos derechos y en un mismo plano incorporan las Declaraciones –como luego lo hace la Convención Americana v.gr.– los denominados derechos de la segunda generación (económicos, sociales y culturales), de los que se ha dicho y dice con absoluta propiedad son necesarios para realizar el ideal del ser humano, liberado del temor y de la miseria.

b) *Jerarquía y sistemática de los derechos*

La teoría de los derechos humanos habla hoy, en efecto, de las generaciones de derechos, mirándolos tanto en su progresión histórica como en sus contenidos progresivos, quizás bajo inspiración de los ideales revolucionarios franceses –libertad, igualdad, fraternidad– o ante la inevitable realidad de la llamada "globalización de los problemas".[54]

Así, cuando la doctrina distingue entre los derechos humanos de primera generación o derechos de libertad

---

54 Phillipe Cullet, "Droits de solidarité en droit international environmental", Law Research Center, Genève, 1993, p. 14.

–derechos civiles y políticos–, los de segunda generación o derechos de igualdad –derechos económicos, sociales y culturales– y los de tercera generación –o derechos de fraternidad y/o de solidaridad–, lo hace para puntualizar que unos dentro de tales derechos han sido proclamados y reconocidos antes que los otros. Pero dice la distinción, igualmente, acerca de las visiones diferentes o convergentes que la realidad ha impuesto sobre ellos o que permite explicar el mismo fundamento variable de los derechos humanos.

A la luz de lo antes explicado, los primeros derechos humanos consagrados o reconocidos, a partir de la Declaración Francesa de los Derechos del Hombre y del Ciudadano en 1789, y luego garantizados son, esencialmente, el derecho a la vida, a la integridad, a la libertad y a la seguridad personal; la igualdad ante la ley y ante las cargas públicas; la libertad de opinión y de expresión, de pensamiento y de religión, de correspondencia, de reunión y asociación pacíficas; el derecho al libre tránsito, a la propiedad, al voto, a la participación política, etc. Trátase, en estos casos, de derechos-atributos, oponibles por la persona humana al Estado y que exigen de éste, de modo general, una actitud de respeto y abstención o de no interferencia, en modo de que no se vean conculcadas las señaladas libertades fundamentales.

Son derechos que se construyen en clave individualista y adicionalmente estatalista, vistos desde la perspectiva francesa, pues se privilegian los derechos civiles del individuo, pero a la vez se admite como necesaria la garantía de dichos derechos por parte del Estado y de la ley, entendidos ya no como imperio que sujeta a los individuos sino como expresiones concretas del ejercicio por los mismos individuos de sus derechos políticos y de asociación. Pero, desde la perspectiva americana, nutrida por la experiencia anglosajona, las claves dominantes son la individualista y la historicista, que privilegian los derechos civiles, los afirman como anteriores al Estado por logrados temporalmente mucho antes de que este fragüe y de suyo lo limitan a éste, reclamando su conducta omisiva, para mejor asegurar la autonomía de voluntad en el individuo; de donde más importan los derechos civiles que los políticos.

Luego llegan y son reconocidos el derecho al trabajo, a la seguridad social, a la libertad sindical, a la educación; el derecho a la protección familiar, a la alimentación, a la vivienda, a la salud. Los mismos, en el fondo, son derechos-créditos exigibles al Estado y a la colectividad organizada, y que como tales reclaman de aquel una conducta positiva para su concreta realización. Este desarrollo o pasaje, desde aquellos derechos absolutos o individuales hacia estos derechos colectivos o relativizados y en recíproca complementariedad, tiene lugar con la Constitución francesa de 1848 y encuentra adecuado testimonio internacional con la Declaración Universal de Derechos Humanos, en 1948.

Es el tiempo en que la visión historicista y la estatalista hacen causa común contra la perspectiva o cultura individual, por considerársela destructora de toda forma estable de unidad política y de garantía institucional de las libertades. Tanto es así que, la señalada Declaración Universal pide, como derecho humano, la existencia de un orden proclive y proactivo al aseguramiento mismo de los derechos humanos; ello, justamente, como la base común que ata en la diversidad de lo social y cultural.

Más recientemente cristalizan progresivamente los llamados derechos humanos de la tercera generación o derechos de solidaridad, que serían consecuencia de las tendencias mundiales delineadas desde finales de los años '80 del pasado siglo y sobre un puente hacia el presente siglo, a la luz de la sistematización pionera que introduce quien así los denomina, Karel Vasak, en 1977.[55] Desbordan, de suyo, a las claves individuales para la construcción de los derechos humanos por quedar situados en la perspectiva de la solidaridad entre todos los miembros de la familia humana, así como a las claves históricas y también las estatalistas; por responder a "nuevas necesidades humanas"[56] básicas y reclamar, dados sus contenidos y como se sostiene, de una garantía y tutela distinta de la clásica o liberal; y por cuanto tales derechos responden no sólo a exigencias sobrevenidas –distintas de las que justifican a los derechos prestacionales– sino a obligaciones para con las generaciones del futuro. Se distinguen estos derechos en cierne, como bien lo anota dicho autor, por ser bidimensionales, ya que son derechos-atributos y derechos-créditos a la vez, y son tanto oponibles o exigibles al o del Estado como a los demás actores sociales en su conjunto, pero bajo sujeción a la comunidad internacional.[57]

Dentro de estos últimos derechos, también calificados de *derechos difusos* por pertenecer a personas indeterminadas o al colectivo humano en su totalidad, cuentan el derecho a la paz y al desarrollo sostenido; el derecho a un ambiente sano y ecológicamente equilibrado; el derecho a

---

55 *Vid. loc. cit.*

56 Javier Bustamante Donas, "Hacia la cuarta generación de derechos humanos; repensando la condición humana en la sociedad tecnológica", *Revista Iberoamericana de Ciencia, Tecnología, Sociedad, e Innovación,* Organización de los Estados Iberoamericanos para la Educación, la Ciencia, y la Cultura, n. 1, septiembre-diciembre 2001 Del mismo autor, ¿Sociedad informatizada, sociedad deshumanizada?, Editorial Gaia, Madrid, 1993.

57 *Ídem*, p. 1654.

la asistencia humanitaria; o el derecho al patrimonio común de la Humanidad, dentro del que se cuenta como sobrevenido el derecho a la salvaguardia y amparo del genoma humano: «base de la unidad fundamental de todos los miembros de la familia humana». Y se incluyen, además, dentro de la idea de fraternidad o solidaridad que los amalgama, los derechos que recogen declaraciones especiales sobre grupos o colectivos que se considera han sido discriminados por edad, por pertenecer a minorías étnicas o de religión, o reclamantes de la diversidad cultural.

El Pacto Internacional de los Derechos Civiles y Políticos (1966) y el Pacto Internacional de Derechos Económicos, Sociales y Culturales (1966), adoptados ambos por la Asamblea General de las Naciones Unidas son, respectivamente, los soportes estatutarios de los mencionados derechos de la primera y segunda generación, en el ámbito universal. Y en el ámbito regional americano, cuenta en primer término la Convención Americana de Derechos Humanos (1969) referida, que contempla los derechos de primera generación, sin dejar de anunciar a los de segunda generación, constantes en su Protocolo Adicional en materia de derechos económicos, sociales y culturales, también conocido como Protocolo de San Salvador (1988)

En cuanto a los derechos humanos de la tercera generación, y sin perjuicio del reconocimiento sectorial universal y/o regional del que ya han sido objeto algunos de éstos en fechas muy anteriores, como los derechos al desarrollo, al medio ambiente o a la autodeterminación de los pueblos, cuenta como fuente normativa el anteproyecto de Pacto Internacional de Derechos de Solidaridad. Cabe citar, asimismo, en este renglón de los derechos de tercera generación, la Declaración Universal sobre el Genoma Humano y los Derechos Humanos, adoptada por la UNESCO el 11 de noviembre de 1997; y su proyecto de Declaración Universal sobre el Derecho Humano a la Paz, redactado con fundamento en la Declaración de Oslo de junio de 1997.[58]

No huelga observar que, desde la doctrina, Cançado Trindade hace una observación de mucho peso, al referirse a la "fantasía de las generaciones de derechos" y señalar que todos los derechos humanos tienen una dimensión social –su relación con la «otredad»– tanto como los derechos de solidaridad interactúan – o son un desarrollo o prolongación, agrego yo– con los derechos individuales y sociales: "La convicción en la unidad... y en el reconocimiento de la necesaria interrelación entre todos los derechos... han de servir de alerta en cuanto a la improcedencia y a los riesgos de una visión" dispersa de los mismos, afirma este.[59] A lo que agrega, además, que hablar de generaciones de derechos como expresión o situándolos en su manifestación histórica, no es históricamente correcto, a cuyo efecto cita el reconocimiento de los derechos sociales en 1919 con la Organización Internacional del Trabajo, antes de que se pensase en la Declaración Universal de 1948.

Más allá de no compartir la visión positivista del autor mencionado, hoy juez de la Corte Internacional de Justicia, en cuanto a que "son los seres humanos [quienes] crean los derechos, que a ellos sobreviven", aprecio de válida y pertinente al argumento de estas páginas su conclusión: "Solamente una visión atomizada y fragmentada del universo

---

58   Sobre el derecho humano a la paz, vid. Asdrúbal Aguiar, *Perfiles éticos y normativos del derecho humano a la paz*, El Centauro Ediciones, Caracas, 1998.

59   A.A. Cançado Trindade, "Derechos de solidaridad", IIDH, San José de Costa Rica, pp. 63 y ss.

de los derechos humanos puede conducir a la aceptación de la teoría de las generaciones de derechos".

En una sistemática distinta, proclive a desbrozar la cuestión, para una mejor y adecuada limitación del concepto ya esbozado de los derechos humanos, Luigi Ferrajoli,[60] calificado teórico y filósofo italiano del Derecho contemporáneo, quien también considera los derechos humanos como "derechos subjetivos", indica que los "derechos fundamentales" pueden ser primarios o secundarios; que los "derechos de la persona" se dividen entre derechos humanos o de libertad y derechos civiles; y que, asimismo, los "derechos del ciudadano" pueden ser derechos públicos o derechos políticos. Ello, visto de conjunto y cruzadas las respectivas categorías a la luz de sus denominaciones y contenidos, permite, según Ferrajoli, que la idea de los derechos humanos subjetivos se cruce con la objetividad del Derecho que le sirve para prescribirlos y garantizarlos.

En consecuencia, los derechos humanos –derechos de libertad, negativos o de inmunidad, que plantean expectativas negativas o de no lesión, como la vida y la libertad personal– son para él, por ende, derechos primarios de la persona, vista como sujeto pasivo. Los llamados derechos públicos son los derechos primarios del ciudadano, que plantean expectativas positivas o de prestación, como la salud o la educación. Y por ser unos y otros derechos primarios fundamentales les corresponden a todos los individuos, tengan o no capacidad para obrar o decidir autónomamente

---

60   Luigi Ferrajoli, *Principia iuris: Teoría del Derecho y de la democracia*, vol. 2: Teoría de la democracia, Editorial Trotta, 2011, Passim.

Los derechos civiles –en lo particular los que implican autonomía privada, para lo negocial o patrimonial– son derechos secundarios de la persona, que implican en ésta una postura activa o de poder; al igual y a su vez, como ocurre con los llamados derechos secundarios del ciudadano, que son los derechos políticos *stricto sensu*, es decir, los que implican capacidad en la persona para decidir mediante el voto y en ejercicio de una autonomía de tipo público. Los derechos secundarios, por ende, les pertenecen sólo a las personas capaces de obrar jurídicamente.

He de observar, a todo evento, que las explicaciones teóricas y dogmáticas anteriores valen dentro de su campo y a título pedagógico; pero a la luz de los predicados del Derecho internacional o del Derecho constitucional de los derechos humanos, siendo su ejemplo la Convención Americana ya citada, el conjunto de los derechos personales o ciudadanos, sean civiles o políticos, económicos, sociales y culturales, es entendido bajo la denominación de derechos humanos. Todos a uno son considerados interdependientes y objeto de similares garantías, sin mengua de que unos derechos y no la suma, reclamen para su ejercicio de condiciones particulares en el individuo, como la edad, v.g., para el ejercicio de determinados derechos civiles –la disposición de la propiedad– o los políticos – el ejercicio del sufragio– o asimismo para la garantía de los derechos sociales de los niños o de los ancianos.

La Corte Interamericana dice, por ende, que "no encuentra razón alguna...para distinguir los derechos"; luego lo cual señala con precisión que "[l]as distinciones en materia de derechos humanos en el sistema interamericano son, principalmente, las que tocan con los derechos a cuya protección se obligan, bien los Estados partes en la Convención [Americana] o bien los Estados miembros de la OEA pero no parte en la Convención: en este último caso sólo los contenidos en la Declaración Americana de los Derechos y Deberes del Hombre" (Opinión Consultiva OC-13/93).

Pero cabe insistir, para el mejor entendimiento, que su adecuada definición, su acertada calificación y la determinación o fijación de sus contornos o límites – sea para ordenar los derechos en su goce por todos y al efecto limitarlos sin afectarlos en su esencia y realización práctica – es crucial, hoy como nunca antes: se trata de derechos que tiene el hombre por ser un hombre y además ser persona, con dignidad, la de mayor jerarquía dentro del orden natural.

Los derechos humanos, en resumen y como lo avanza el mismo Ferrajoli, son facultades o prerrogativas que tiene todo ser humano como tal, por ser tal, y que, por lo mismo son *inherentes* e inseparables de él: "la libertad es un derecho inherente al hombre necesariamente y desde el principio de la naturaleza racional, es por eso derecho natural...", recuerda Bartolomé de las Casas[61]; de allí lo adecuado de su original expresión o denominación como derechos naturales o derechos del hombre. Además, obligan a título de deberes correlativos, tanto al Estado y su organización constitucional como a los demás seres humanos, en lo individual o en lo colectivo; y, dada la naturaleza misma del ser humano expresan el valor perfectible y temporal de su original esencia, por lo que atan al todo –a la sociedad y al Derecho– en razón de ser fundamentales y la razón de ser de la democracia. Por consiguiente, de desconocerse en el hombre –varón o mujer– tales facultades o prerrogativas deja de ser lo que es o menguan las posibilidades para su

---

61   Apud. Mauricio Benchot, *Los fundamentos de los derechos humanos en Bartolomé de las Casas*, Anthropos, Barcelona, 1994, p. 47.

desarrollo integral, declinando el sentido del Estado constitucional y democrático de Derecho.

El Derecho, en consecuencia, dentro de esta nueva perspectiva, no puede dejar de reconocer y de garantizar los derechos humanos sin contrariarse en sus propósitos o teleología como sistema de normas; pues aquéllos son la base de éstas y su única justificación dentro de la idea moderna del llamado Estado constitucional de Derecho y sus fines en una sociedad democrática fundada en las ideas primigenias de libertad, igualdad y fraternidad: Libertad de hacer o de no hacer, de dar y de recibir; igualdad en cuanto se trata de todos los derechos para todas las personas y por igual, sin discriminaciones; y fraternidad, en tanto que los derechos, como inherentes o naturales en la persona y por lo que es, encuentran su realidad y realización frente a los otros y junto a los otros. Nadie ejerce sus derechos frente a sí mismo, sino en relaciones de alteridad con las otras personas e incluso a propósito de las cosas.

No por azar, al redactar mi primer libro sobre la materia[62] no pude, debo reconocerlo, evitar la tentación de darme por satisfecho con el pensamiento de Marco Aurelio acerca del Ser del mismo hombre, de su condición humana y en cuanto a lo que alcanzaba descubrir como inherente e inseparable de ésta; eso mismo que late, en los primeros textos normativos y elaboraciones filosóficas, incluso en tiempos de su negación, como en la modernidad y como consta en las páginas precedentes. "Todo lo que constituye mi ser no es más que un poco de carne con un aliento de

---

62 Asdrúbal Aguiar, *La protección internacional de los derechos del hombre*, Caracas, Academia de Ciencias Políticas y Sociales, Serie Estudios/34, 1987.

vida y facultad de pensar", dice Marco Aurelio para ajustar el predicado necesario:

"Abandona tus libros, suprime las distracciones, nada de esto te está permitido, y cual hombre que vas a morir, desprecia esta carne, montón de sangre y de huesos, tejido de nervios, de venas y arterias. Considera también lo que es tu respiración: aire, sólo aire, siempre distinto, arrojado continuamente y aspirado sin cesar. Sólo queda pues, la parte principal, la que piensa. Ahora, habla contigo mismo: Eres viejo; no tengas por más tiempo en la esclavitud a esta facultad maestra y por deseos incompatibles con el bien de la sociedad, no consientas que sea sacudida como un muñeco".

c) *Las denominaciones de los derechos y sus características*

La expresión *derechos humanos*, en suma, es la de uso dominante en la actualidad. Se les conoce, no obstante, según las perspectivas esbozadas con anterioridad, como derechos naturales, derechos del hombre, libertades públicas, derechos fundamentales, derechos de la persona humana, derechos públicos subjetivos, entre otros.

La Declaración Francesa de 1789 se refiere a los «derechos del hombre» y no a los derechos de los hombres, en tanto que en la actualidad se habla no del hombre ni de los hombres, sino del niño, del anciano, de la mujer, del discapacitado, etc. Además, sin mayores consideraciones, puede afirmarse que de la idea a cuyo tenor los derechos del caso pertenecen al hombre y a todos y cada uno de los hombres viene de suyo la universalidad que se les atribuye o el llamarlos como tales, *derechos universales*. Y cuando se insiste, asimismo, en los derechos de cada hombre, de ordinario se pone el acento, sobre todo, en los *derechos individuales*, que como tales pueden denominarse los derechos humanos; en tanto que, como lo hace la Declaración Universal de Derechos Humanos (1948), si nos referimos a la dignidad humana como "intrínseca" y a los derechos que corresponden a todos los miembros de la familia humana como "inalienables", no cuesta llamarles *derechos naturales*. Hablar de los derechos humanos como *derechos fundamentales*, en fin, de suyo les da relevancia como los primarios e indispensables, o necesarios a la persona humana.

Precisando y sistematizando lo dicho, a la luz de las precedentes páginas, puede decirse que como *derechos del hombre* los conoce y titula el pensamiento francés revolucionario, contando la expresión con la suerte de ser la que de un modo más directo explica a los derechos humanos en cuanto a su naturaleza. No se trata, en efecto, de cualquier derecho o en general del Derecho de los hombres, es decir, del conjunto de normas que éstos se dan para regular sus relaciones recíprocas –sus pretensiones y sus obligaciones– o para organizarse civil o políticamente, sino de unos derechos que, refiriéndose de conjunto a las libertades del individuo, le pertenecen al hombre por ser lo que es y como tal, de allí la denominación derechos "del" hombre.

Los antiguos griegos, desde antes los asumen a título de *derechos naturales* por considerarlos *inherentes*: son atributos que derivan de la propia condición humana del hombre, cabe repetirlo, y por ende previos a la existencia de la sociedad civil y a su organización estatal. Es la misma visión humanista que luego hace propia la Escuela del Derecho liberal y sirve de apoyo ideal a las declaraciones de derechos americana (*Declaración de Derechos del buen Pueblo de Virginia,* 1776) y francesa (*Declaración de los Derechos del Hombre y del Ciudadano,* 1789).

La expresión *derechos públicos subjetivos* se corresponde con el Estado liberal de fines del siglo XIX, más preocupado por otorgarle a los derechos naturales una fuerza directa dentro del derecho positivo, a fin de hacerlos operativos y objeto de tutela jurisdiccional. El cambio de denominación preocupa a una parte de la doctrina construida por Jellinek, al considerar que se diluye con ella la vinculación o el valor supra positivo y trans-histórico de los derechos naturales, al sugerirse que los derechos humanos son tales derechos por alcanzar reconocimiento dentro del ordenamiento jurídico vigente escrito y convencional.[63]

La idea de las *libertades públicas* aporta otra denominación de uso corriente y responde a la misma racionalidad anterior, pero se intenta identificar con ella a una categoría específica de los derechos civiles y políticos, los derechos de la ciudadanía por oposición a los derechos naturales o civiles privados; con lo cual se introduce una suerte de jerarquización de derechos que, rechazada en el presente, es motivo de debate para la época. Su ejemplo es la Declaración rusa de 1918, aprobada por el II Congreso de los Soviets sobre los Derechos del Pueblo Trabajador y Explotado, que no desconoce las clásicas libertades civiles, pero las subordina a los derechos de orden social y económico.

Como *derechos fundamentales* califica y denomina otra parte de la doctrina a los derechos humanos, atendiendo a la fuente normativa que los reconoce, en lo particular cuando la Constitución los dispone como principios rectores de la organización política y de las relaciones entre el Estado y los ciudadanos. Algún autor alemán la utiliza, empero, para identificar al conjunto de los derechos civiles y políticos oponibles al Estado y diferenciarlos de aquéllos

---

63 Claudio Contreras, *La crisis del Estado de Derecho: Una aproximación desde la teoría política* (Tesis doctoral), Universidad Nacional de La Plata, La Plata, 2014, p. 14.

otros que reclaman de éste una actuación positiva o prestacional, a saber, los citados derechos económicos, sociales y culturales.[64]

Empero, con independencia de sus varias denominaciones, los derechos humanos reúnen características que les dan especificidad dentro del mismo Estado constitucional y democrático de Derecho, que impiden el fenómeno de su inflación indebida o su extensión a pretensiones legítimas o subjetivas que no se corresponden, y que les otorgan a aquéllos un carácter superior dentro del conjunto del Derecho y como límites o exigencias dirigidas al Estado, a sus poderes públicos y a la misma sociedad.

Los derechos humanos son tales, así y para evitar sus desnaturalizaciones incrementales corrientes y ya señaladas, cuando se les aprecia de (i) *necesarios*, naturales, primarios, y/o fundamentales, por inherentes y consustanciales al hombre, varón o mujer, e indispensables para que éste alcance el desarrollo de su personalidad; (ii) *universales*, por corresponderles en igualdad "a todos" y a cada uno de los seres humanos; (iii) *progresivos*, por predicar que todo derecho humano se expande paulatinamente por imperativo de la realidad y en su núcleo primario, al igual que las prerrogativas que de aquél se desprendan, por ser la persona – como lo es y en tanto que criatura – proyecto humano e histórico perfectible; (iv) *bilaterales* o bifrontes, por implicar la circunstancia a cuyo tenor todo derecho humano lo ejerce cada persona humana ante otra o junto a

---

64 Tomás de Domingo Pérez, "Neoconstitucionalismo, positivismo y fundamentación de la obligatoriedad de la Constitución", en: J.A. Ramos Pascua y M.A. Rodilla González (Editores), *El positivismo jurídico a examen: Estudios en homenaje a José Delgado Pinto*, Ediciones Universidad de Salamanca, Salamanca, 2006.

las otras personas, que no frente a sí misma; (v) *individuales*, por pertenecerles "a cada" hombre, como Ser y realidad una y única; (vi) *indisponibles*, en tanto y en cuanto no puede renunciarlos o enajenarlos su titular, a diferencia de los derechos patrimoniales disponibles. Finalmente, los derechos humanos poseen como característica ser (vii) *interdependientes*, en tanto y en cuanto se deben explicar en o de conjunto a los demás derechos humanos, por encontrarse fundados, todos, en la dignidad de la persona humana. Todos a uno, los derechos humanos se reducen o concretan en la persona humana en su dual e inseparable condición de individuo y de ser social carente, necesitado.

Creo, en adición, que la precisa afirmación respecto del núcleo duro conceptual de los derechos humanos, afincada sobre su característica de universalidad, es la que mejor ilumina y adquiere contornos de idea-ancla: *"pour qu'il y ait un droit de l'homme, il faut qu'un droit représente un valeur dont la dimensión universelle est universelment reconnue"*.[65] Es este el concepto, en suma, hacia el que apunta esta relectura.

d)   *La emergencia del neoconstitucionalismo y su crisis*

Pero volvamos al tiempo de la posguerra.

La Constitución alemana de 1949 consagra, como se verá más adelante y como hito ejemplarizante, la inviolabilidad de la dignidad humana. La ata o ella sujeta, mejor aún, a la interpretación y finalidades de todo el orden constitucional señalado, colmando sus fisuras y asegurándole

---

65   Karel Vasak, "Revisiter la troisieme génération des droits de l'homme avant leur codification", en *Héctor Gros Espiell Amicorum Liber*, vol.2, Brussels, 1997, pp. 1649 y ss.

–lo que preocupa a Habermas– en su plenitud. No solo eso, sino que, una vez como su artículo 20 determina al Estado federal como "democrático y social", ambas previsiones –ésta y la anterior– quedan petrificadas conforme al artículo 79,3, bajo una llamada "cláusula de eternidad"[66]; conforme a la que, ambos principios y valores: la dignidad de la persona humana y la democracia, no pueden verse jamás afectados –resultan inviolables– dentro la misma experiencia de la democracia y a propósito de la intervención de la ley como garantista de ésta y de los derechos humanos.

La jurisprudencia alemana elucida con claridad el sentido y alcances de lo dicho, no obstante que, procura situar a la persona humana o, mejor aún, a una ética constitucional que se mueve entre el valor inmanente y la racionalidad o autonomía práctica de la misma persona:

"Para responder a la pregunta de lo que significa "dignidad humana", uno debe guardarse de entender esta patética expresión exclusivamente en su sentido más elevado, es decir, aquel que considera que la dignidad humana únicamente se vulnera cuando el trato otorgado por el poder público –al hacer cumplir la ley– a las personas sea considerado como "expresión de desprecio del valor del que goza el ser humano por el mero hecho de ser persona", y en ese sentido tiene también el carácter de un "tratamiento abyecto". Si se hace esto, entonces se reduciría el Art. 79, párrafo 3 de la ley Fundamental a la prohibición de reintroducir, por ejemplo, las torturas, la picota y los métodos del Tercer Reich. Una restricción tal, sin embargo, no corresponde a la concepción y al espíritu de la ley Fundamental. Todo poder estatal tiene que considerar y proteger al ser humano en sus valores pro-

---

66 Sobre las "cláusulas de eternidad", vid. Peter Häberle, *El estado constitucional*, UNAM/Pontificia Universidad Católica del Perú/Fondo Editorial, México, 2003, passim.

pios y su autonomía. No puede ser tratado de manera "impersonal", como un objeto, aun cuando esto ocurra sin desconocer los valores personales, sino con "buenas intenciones".[67]

No es del caso abordar, dado lo anterior, las consideraciones que hace la doctrina acerca del llamado neoconstitucionalismo, sobre sus variadas formas (teórica, ideológica, metodológica), sus supuestas ambigüedades, o las críticas que suscita el concepto o a fin de sostenerlo dentro de los odres del positivismo como lo pretenden algunos autores. Basta, para los efectos de esta exposición, señalar lo esencial, a saber, que comporta tener presente "el componente de valor que implica el constitucionalismo político". De donde, vienen a colación los dos argumentos esgrimidos contra el positivismo jurídico del siglo XX, (a) el de la injusticia palmaria de normas que imposibilitan se les repute como Derecho, y (b) el de los principios constitucionales que fijan una relación normativa anticipada entre el Derecho y la moral. Ambos, en efecto y más allá del constitucionalismo formal, "se orientan a garantizar un umbral de corrección mínima en el ordenamiento y señalar un horizonte ideal a cuya aproximación óptima queda vinculado el Derecho". La conclusión doctrinal es precisa: "El neoconstitucionalismo ha fungido como un marco para la consolidación y expansión de la democracia constitucional".[68]

Se trata, por lo visto, de un punto de encuentro necesario y propositivo entre el plano de lo ontológico y su racionalidad práctica dentro del mundo de lo jurídico, sea el

---

67 Jürgen Schwabe (Compilador), *Jurisprudencia del Tribunal Constitucional Federal Alemán*, Konrad-Adenauer Stiftung, México, 2009, p. 54.

68 Miguel Carbonell y Leonardo García Jaramillo, *El canon neoconstitucional*, Universidad Externado de Colombia, Bogotá, 2010, pp. 20-21.

interno o el internacional, objeto, cabe destacarlo, del célebre diálogo entre razón y fe[69] protagonizado, en 2004, por Jurgen Habermas y Joseph Cardenal Ratzinger. Dos de sus párrafos centrales encabezan estas páginas. De conjunto predican que el encerramiento del orden jurídico constitucional dentro sí y para bastarse a sí mismo, parece no bastar, como ahora se prueba, e impone remitir a las otras dimensiones del mismo orden –la histórica y la axiológica– para que alcance renovarse y realizarse de cara a los fenómenos que hoy dominan: la expansión demencial del desarrollo de la persona por obra de la sociedad digital y de la información, de suyo de sus derechos; la pérdida de los referentes integradores ciudadanos y político-espaciales; la necesidad de forjar o relanzar controles ético-jurídicos que impidan la pérdida de la armazón social y política o le den otra textura; el temor a que la pérdida de la neutralidad normativa reduzca el pluralismo democrático y social.

Sin mengua de los predicados que puedan surgir luego sobre la cuestión, admitido que la democracia también comienza a ser entendida –es el criterio que sostengo– como un derecho humano totalizante[70]: "derecho de los pueblos que los gobiernos han de garantizar" según reza el artículo 1 de la Carta Democrática Interamericana, viene de suyo que no es aquélla, para el porvenir, una mera técnica de escrutinio o procedimiento racional para la toma de decisiones por parte de la soberanía popular, como igualmente lo señala Ferrajoli.[71]

---

69   Habermas y Ratzinger, *Entre razón y religión*, *op. cit.* supra.

70   *Vid.* Asdrúbal Aguiar, *El derecho a la democracia*, Editorial Jurídica Venezolana, Caracas, 2008, Passim.

71   Ferrajoli, *Principia iuris…*, *op. cit.*, pp. 9 y ss.

De lege lata los elementos esenciales de la misma democracia y los componentes fundamentales de su ejercicio se relacionan, los unos con los otros y todos a la vez y de conjunto, nutriéndose del principio ordenador y hermenéutico de la dignidad de la persona humana, y viceversa, al expresar o tener que manifestarse ésta, la dignidad humana, en la determinación de los derechos humanos específicos que alimentan o hacen realidad los núcleos y límites de dichos elementos y componentes de la democracia.

En la práctica, como también lo sugiere o exige, a manera de ejemplo, la Convención Americana de Derechos Humanos, resolver sobre los derechos humanos como manifestaciones o concreciones de la dignidad de la persona humana –precisar su naturaleza, delimitar sus contenidos junto a las posibilidades de intervención por parte de la ley a fin de salvaguardar los iguales núcleos pétreos y garantías de éstos dentro del Estado de Derecho, implica, por consiguiente, contextualizar democráticamente y encontrarle su sentido teleológico a la propia democracia.

Es decir, al dictaminarse o incidirse constitucionalmente y/o legislativamente sobre cada derecho reconocido y sujeto a tutela, o a propósito de una violación que se alegue o la oposición entre distintos derechos humanos, y al definirse o ponerse en marcha los correspondientes medios o mecanismos de protección (sea por el juez de control, sea por el legislador quien interviene sobre éstos, ora por el funcionario quien aplica la ley y ha de respetar los derechos y favorecer sus ejercicios), es imprescindible, a través del control respectivo que se haga (sea el de convencionalidad con fundamento en los tratados internacionales de derechos humanos, sea el de constitucionalidad, con base en éstos y la respectiva Constitución), un previo y concurrente análisis del contexto democrático e institucional dentro del que aquélla tiene lugar, sobre los límites del

Estado de Derecho al ejercicio de los derechos y las propias exigencias que demanda al respecto la democracia según el principio vertebrador e integrador de los derechos humanos.

No por azar, la citada Convención, en concordancia con la jurisprudencia alemana citada, señala, en su preámbulo, que "un régimen de libertad personal y de justicia social, fundado en el respeto de los derechos esenciales del hombre" sólo se entiende "dentro del cuadro de las instituciones democráticas"; que ninguna disposición de la Convención –sea sobre los derechos reconocidos y enunciados, sea sobre sus medios de protección– debe ser interpretada como excluyendo "otros derechos y garantías que son inherentes al ser humano" u "otros derechos y garantías ... que se derivan de la forma democrático representativa de gobierno" (artículo 29, c); tanto como que, "en una sociedad democrática", los derechos de cada persona están limitados por "los derechos de los otros", y por "la seguridad de todos" y "las justas exigencias del bien común" (artículo 32,2).

Por lo visto, puede decirse que una vez como se impone el modelo histórico sucedáneo de Estado social y democrático de Derecho, los derechos fundamentales del hombre igual y su protección "ya no se conciben como limitaciones al Estado, cónsonas con el desenvolvimiento de una sociedad autorregulada, sino como derechos orientados por criterios positivos de participación" política y social.[72]

---

72   Claudia Elena Gutiérrez Bedoya, *El derecho al medio ambiente adecuado como derecho humano*, Centro Editorial Universidad del Rosario, Bogotá, 2006, p. 58.

En otras palabras, la libertad del hombre no viene a constituir un dato absoluto, propio de una realidad social no institucionalizada y/o no coercitiva; ella, la libertad, representa un valor superior que ha de alcanzarse permanentemente y que el hombre, dentro de su perfectibilidad y autonomía, la pretender o logra cuando tiene la opción cierta de elegir, en igualdad de derechos y con posibilidades, junto a los otros hombres, "venciendo obstáculos y asumiendo las obligaciones (responsabilidades) del esfuerzo cooperativo", en los términos de Lewis.[73]

Cabe observar, a todo evento, que la resolución teórica de esa secular oposición de intereses y de pretensiones entre el hombre y los demás hombres y entre éstos y el Estado como suprema expresión del poder social organizado, no significa que, en términos prácticos, a pesar de las previsiones constitucionales inscritas en el modelo del Estado Social de Derecho, la dinámica social contemporánea venga funcionando con apego a sus postulados teóricos.

3. El siglo XXI: ¿Otra vez el ocaso o acaso la banalización de los derechos?

La afirmación del principio de la igualdad como fundamento de todo sistema político democrático protector y garante de las libertades públicas individuales o sociales, no parece cauterizar la vigencia de algunas tendencias biosociales hacia la dominación, que todavía se expresan en la forma de prerrogativas del poder público constituido y, sobre todo, de quienes participan de su ejercicio, desde finales del siglo XX y ya recorridas las primeras dos décadas del siglo actual. Y quizá sea ella la razón de las críticas

---

73 Comisión Presidencial para la Reforma del Estado, *Fortalecimiento del Estado de Derecho*, Caracas, 1990, p. 204.

con las que nuevamente arremete, esta vez contra el Estado y con buena razón, el pensamiento neoliberal, escamado ante la postergación que de la persona humana y sus derechos individuales ha venido realizando la "maquinaria" funcionalista pública que oculta tras de sí al nuevo "hombre totalitario" o gendarme posmoderno y los grupos utilitarios que medran en su entorno.

De modo que, la cuestión de actualidad desborda a lo normativo y compromete a la realidad social y su estimativa. Téngase presente que, en 1989, cuando se produce el definitivo agotamiento del conflicto Este – Oeste, ese que los redactores de la Declaración Universal ponen de lado en su momento y para alcanzar la determinación de los derechos humanos que remiten a o se desprenden de la dignidad de la persona, surgen preocupaciones alrededor del orden mundial sucedáneo y sobre sus riesgos para la vigencia y garantía plenas de los mismos. La globalización, en efecto, así como reaviva los unilateralismos estatales a la par que diluye los espacios jurisdiccionales para la realización de los derechos humanos mediante un diálogo fructífero entre los tratados y las constituciones que las reconocen y garantizan en el marco de una concepción democrática dada: la liberal en sus diferentes variantes, en igual orden pone en cuestión y busca hacer más complejo y/o relativo el sentido antropológico de la dignidad humana y la propia libertad.

Juan Pablo II, actor principal y testigo del cambio histórico, que aún no logra decantar en categorías constitucionales universales y nacionales distintas, y a propósito del cual la existencia del mismo Estado queda en cuestión, previene sobre tres peligros en curso.[74]

---

74 Encíclica *Centesimus Annus*, 1991, párr. 29.

Transcurrida una última década del siglo XX, advierte
(1) que las antiguas formas de totalitarismo y de autoritarismo no ceden y existe el riesgo de que recobren su antiguo vigor; (2) que el espíritu utilitario que apareja, en determinados campos y países, el avance hacia la globalización inevitable, incide negativamente en los valores verdaderos de la existencia humana; y (3) que la emergencia del
fundamentalismo religioso y político, de manera velada o
abierta, niega el ejercicio pleno de los derechos de los derechos civiles y de las libertades de conciencia, religión y
expresión, a densas capas del género humano.

La enseñanza admonitoria del papado, a una década del
siglo corriente, no se hace esperar:

> "El hombre se ha visto obligado a sufrir una concepción
> de la realidad impuesta por la fuerza y no conseguida me-
> diante el esfuerzo de la propia razón y del ejercicio de la
> propia libertad. Hay que invertir los términos de este princi-
> pio y reconocer íntegramente los derechos de la conciencia
> humana... En el reconocimiento de estos derechos consiste
> el fundamento primario de todo ordenamiento político
> auténticamente libre"[75].

Es otro dato de la realidad, en efecto, la emergencia
–Iberoamérica es el laboratorio del llamado socialismo del
siglo XXI, en mudanza franca hacia el "progresismo"– de
modelos constitucionales que, afirmando la unidad y supremacía necesarias del Estado, incluso en lo ideológico y
bajo la égida de liderazgos fuertes, unilaterales, o mesiáni-
cos, totalizantes, en contrapartida hacen ilimitados sus
catálogos de derechos humanos. Auspician, así, la mayor
diversificación y diferenciación dentro de la sociedad hasta

---

75 *Loc. cit.*

al punto de romperle sus tejidos, debilitándola frente al poder.

La dignidad y atributos de la persona humana son, como lo prueba la misma evolución histórica, el fundamento de los derechos reconducibles a la misma —como derechos fundamentales— y como ancla, sea para la definición de sus límites, sea como eje estructurador de la democracia en un Estado constitucional y de Derecho. Mas se produce, justamente, una inflexión en vísperas del presente siglo y en medio de tendencias hacia la disolución de los lazos sociales nacionales y ciudadanos como de las mediaciones institucionales, intentando restablecer el principio *pro imperio* de inicios de la modernidad subordinándole el *pro homine et libertatis*. Es emblema, al respecto, el proceso constituyente que se inicia en Venezuela en 1999 y luego expande sus efectos hacia Bolivia y Ecuador.

El texto venezolano, en lo particular, en su artículo 3, relacionado con los artículos 102 y 1, luego de reiterar lo que es principio fundamental en la materia, deriva hacia el Estado, como asunto propio, la responsabilidad del desarrollo de la persona y la ata —junto a sus derechos— al culto de un pensamiento único, a valores históricos dogmáticamente predeterminados:

"El Estado tiene como fines esenciales ... el desarrollo de la persona y el respeto a su dignidad... (Artículo 3). La educación es un derecho humano y un deber social fundamental, ... El Estado la asumirá como función indeclinable ..., con la finalidad de desarrollar el potencial creativo de cada ser humano y el pleno ejercicio de su personalidad en una sociedad democrática basada en los procesos de transformación social consustanciados con los valores de la identidad nacional, ... (Artículo 102). La República Bolivariana de Venezuela es irrevocablemente libre e independiente y fundamenta su patrimonio moral y sus valores de libertad, igualdad, justicia y paz internacional en la doctrina de Simón Bolívar, el Libertador (Artículo 1)".

(*Constitución de la República Bolivariana de Venezuela*, 20 de diciembre de 1999).

El texto ecuatoriano, por su parte, proscribe toda remisión normativa a lo ontológico:

"Son deberes primordiales del Estado: ... Garantizar la ética laica como sustento del quehacer público y el ordenamiento jurídico (*Constitución de la República del Ecuador*, 20 de octubre de 2008).

El texto boliviano, a su vez, habla de la dignidad, pero hace preceder la del Estado y como valor atribuible al mismo, para luego garantizar la de la persona:

"Un Estado basado en el respeto e igualdad entre todos, con principios de soberanía, dignidad, ..., donde predomine la búsqueda del vivir bien; con respeto a la pluralidad económica, social, jurídica, política y cultural de los habitantes de esta tierra; en convivencia colectiva ..." (Preámbulo)... El Estado se sustenta en los valores de unidad, ... dignidad, ... (Artículo 8, II). Son fines y funciones esenciales del Estado, además de los que establece la Constitución y la ley: Garantizar el bienestar, el desarrollo, la seguridad y la protección e igual dignidad de las personas (Artículo 9) (*Constitución del Estado Plurinacional de Bolivia*, 2009).

Europa, sin embargo, enfrentando las tendencias globales en contra, decide ratificar el fundamento ontológico de su organización constitucional y democrática de Derecho, adoptando su novísima Constitución, en línea intelectual consistente con el ideario alemán posbélico:

"*La Unión se fundamenta en los valores de respeto de la dignidad humana*, libertad, democracia, igualdad, Estado de Derecho y respeto de los derechos humanos, incluidos los derechos de las personas pertenecientes a minorías. Estos valores son comunes a los Estados miembros en una sociedad caracterizada por el pluralismo, la no discriminación, la tolerancia, la justicia, la solidaridad y la igualdad entre mujeres y hombres". "Consciente de su patrimonio espiritual y moral, *la Unión está fundada sobre los valores indivisibles y universales de la dignidad humana,* la libertad, la igualdad y la solidaridad, y se basa en los principios de la democracia y el Estado de Derecho. Al instituir la ciudadanía de la Unión y crear un espacio de libertad, seguridad y justicia, sitúa a la persona en el centro de su actuación." (*Constitución para Europa,* 30 de septiembre de 2003).

Pero, en escrito de mí autoría que he mencionado antes, con vistas a las realidades diferentes y hoy en ciernes –en cuanto a los elementos esenciales de la democracia constantes en la Carta Democrática Interamericana[76], urgidos, por lo mismo, de una relectura a la luz de la teoría o el concepto de los derechos humanos, hago constar lo que en el momento actual ya es máxima de la experiencia y reflejo de las mudanzas constitucionales señalada:

1) *El respeto de los derechos humanos,* cuya universalidad y núcleos pétreos como sus desarrollos progresivos han de ser reconocidos y garantizados por el Estado, una vez como éstos son particularizados y multiplicados exponencialmente dada la invertebración social y la emergencia del derecho a la diferencia, pierde o se ve trastornado su fundamento original en la actualidad, a saber, que los derechos humanos nacen y se explican en la idea de la naturaleza humana compartida –todos los derechos para todas las personas- y por el ser el hombre, varón o mujer, lo que es, un hombre.

2) *El acceso al poder y su ejercicio conforme al Estado de Derecho,* se desfigura tras una tendencia que, a la luz

---

76 En el mismo sentido, vid. Asdrúbal Aguiar, *La democracia del siglo XXI y el final de los Estados,* Cyngular-La hoja del norte, Caracas, 2014, passim.

de lo anterior, es decir, la citada invertebración social y la inflación de derechos "socialmente particularizados", hace ahora de las leyes de garantía, dentro de un marco de deslocalización acelerada del mismo poder, un bosque tupido para sostener las diferencias; se fomenta la inseguridad jurídica al hacerse confusos los marcos de predictibilidad de la conducta de las personas en el ejercicio de sus respectivos derechos fundamentales y, de suyo, cede el principio a cuyo tenor todos somos iguales en la ley, ante la ley y en la aplicación jurisdiccional de la ley.

3) *Las elecciones libres y justas* se encuentran debilitadas en su fuerza decisional y son desafiadas, sea por el núcleo de lo democráticamente indecidible por las mayorías, sea, sobre todo, por quienes, alegando la primacía del Bien Común, relativizan las manifestaciones de la misma soberanía popular; asimismo, por virtud del mismo acto electoral, al ser ahora tecnológicamente inextricable y sujeto para su lectura a aristocracias digitales, aquellas dejan de ser controladas por sus propios titulares, los votantes y los elegidos, tanto como al hacerse cotidianas y no periódicas, pierden su significación como instrumento de estabilidad y gobernabilidad democrática procurando lo contrario.

4) *El pluralismo partidario y democrático*, al ser palmaria la indiferenciación que acusan los partidos bajo presión de un poder social y político difuso que, como realidad inevitable, los transforma en meros mecanismos del mercado electoral, y al mostrarse políticamente huidizo el elector contemporáneo, se desfigura como elemento vertebral de la democracia; tanto que, el mismo pluralismo puede expresar ahora atomización política y social bajo el imperio de modalidades asociativas primarias que se resisten a compartir valores comunes constitucionalmente tutelados y se niegan a la otredad, fundamento de la naturaleza humana y de los derechos que a ella se coligen.

5) *La separación de poderes del Estado, como garantía de los derechos*, en fin, se aprecia como un obstáculo para resolver con eficacia sobre realidades sociales y económicas que actualmente cambian o se agravan con velocidad inusitada; y la independencia judicial como el control constitucional –o convencional– de los actos del Estado, a la luz o por obra de todo lo anterior, sufre también y se debate entre lo ya señalado y el respeto a lo decidido por las mayorías o la conciliación de intereses dentro de sociedades como las hispanoamericanas, cuyos tejidos se han roto y reclaman, si cabe decirlo, de un mínimo común constitucional –¿el respeto a la naturaleza y dignidad de la persona humana?– que acote al pluralismo y la diversidad con vistas a la gobernabilidad en democracia.

De conjunto, como podrá apreciarse e incluso extenderse más allá de los elementos esenciales de la democracia hasta comprender los componentes fundamentales de su ejercicio –sea la transparencia, la rendición de cuentas, la libertad de prensa, el derecho a la participación ciudadana, etc.– todos a uno de dichos elementos y componentes muestran encontrarse bajo análisis crítico; involucran a derechos humanos concretos y sus correspondientes garantías, igualmente relativizados en la coyuntura o cuyos núcleos pétreos se han tornado maleables.

La diatriba así planteada, inevitablemente, obliga volver sobre el asunto pendiente de relectura y resolución *ex novo*, acerca de la que ofrece sus primeras luces el varias veces mencionado diálogo Habermas-Ratzinger y que, al término, en una aproximación de extremos, proscribe el determinismo positivista. Y sus consideraciones, es lo importante, escapan, además, al engañoso y contaminante discurso de lo "políticamente correcto"[77] que intenta dominar en la actualidad y, como lo creo, ha hecho profundizar la invertebración social y política, procuradora de la comentada devaluación por inflación de los derechos humanos; debilitándose así la democracia y el Estado de Derecho o vaciándose ambas de contenidos.

Las nuevas tendencias deberían apuntar, por ende, hacia la afirmación de un orden social y político distinto, que multiplicando las formas societarias de organización intermedia evite la actual hipertrofia del Estado Social con perjuicio del hombre y de su dignidad, pero controlando el egoísmo libertario, el "yo" opresor del "nosotros", ajeno a toda idea de Bien común y enemigo, en esencia, de los propios derechos de la persona, sean los individuales o los colectivos.

La búsqueda de ese equilibrio dinámico necesario entre el hombre y la sociedad, y entre ambos y el Estado, entre la vigencia de la igualdad y la necesaria indispensable ordenación e institucionalización del poder no arbitrario, entre la discrecionalidad y el imperio, parece apuntar hacia la realización por el Derecho y para el cumplimiento de sus elevados fines del principio dimensional de la Justicia; que, conjugando las dimensiones normativa y sociológica de aquél, consiste, en palabras que repetimos de Werner Goldschmidt y que expresa en línea con el pensamiento de Tomás de Aquino, "en asegurar a cada cual una zona de libertad [no la total libertad, en consecuencia] dentro de la cual sea capaz de desarrollar su personalidad, de convertir-

---

77 Véase, al respecto, a M. Rosario Martin Ruano, *Traducción y corrección política: Interrelaciones teóricas, reescrituras ideológicas, trasvases interculturales*, Ediciones Universidad de Salamanca, Salamanca, 2001, Passim.

se de individuo en persona o, como a veces se suele decir, de personalizarse".[78]

a) *El debate de apertura o en búsqueda de una respuesta*

La pregunta actual y obligada, dada la fragmentación o diferenciación social y la radicalización del pluralismo reiteradas, consecuencias también de la desestatización geográfica de la política, es, no obstante, sobre el límite razonable de aquélla y de éste, y sobre la banalización e inflación resultante al final en materia de derechos humanos, haciéndoles irrelevantes y hasta triviales: predicándose, por ende, una supuesta plasticidad en la naturaleza del hombre; por lo que sus violaciones, haciéndose cotidianas dejan de escandalizar al colectivo, con lo que se vacía de contenido sustantivo y pierde su calidad la propia democracia como el Estado de Derecho.

La respuesta o solución, que no la tengo a mano, habría de ser, acaso y otra vez, la del ancla de la nave y sus movimientos limitados –explicada en la obra de Whitehead[79]–; ello, a fin de considerar y manejar la hipótesis del cambio histórico o de naturaleza de la democracia en el siglo XXI, para volver a sujetarla dentro de bordes que eviten su desfiguración –como ya ocurre con el fenómeno de la llamada "post-democracia" o democracia mediática e inmediata por negarse a las mediaciones institucionales– o le pongan a la misma democracia un punto final, si la exigencia moral

---

78 Werner Goldschmidt, *Introducción filosófica al Derecho*, Depalma, Buenos Aires, 1996, pp. 417-418. Antonio Touron, *Vida histórica de Santo Tomás de Aquino*, Imprenta Real, Madrid, 1795, pp. 173 y ss.

79 Laurence Whitehead, *Democratización, teoría y experiencia*, FCE, México, 2011, p. 37.

que se le pide, a saber, el reconocimiento y respeto de la dignidad de la persona humana igualmente desborda sus contornos. Lo que puede ocurrir al amparo, vuelvo a repetirlo, de lo "políticamente correcto" o como consecuencia de las emergentes expresiones neo-autoritarias en boga, producto de la anomia social y política corrientes.

La autonomía política y ciudadana, que en el fondo predica y justifica el derecho a la diferencia, la manifestación de la individualidad en otras palabras, busca, en efecto, que las elecciones autónomas de cada persona giren, a la vez, sobre una pluralidad de opciones o contenidos.

Ayer era claro y obvio, como lo apunta Habermas, que el proceso democrático – inclusivo, deliberativo – generaba el vínculo unificador de la ciudadanía.[80] Pero el mismo se ha roto, como se ha indicado. Cabe restablecerlo ¿en el marco de una democracia reconstituida *ex novo*?: quizás sí y así lo sigo pensando. Pero, probablemente habrá de ser distinto dicho marco, repito, o el vínculo articulador *ex novo* de lo social y político que sea necesario; lo que habrá de considerar la amplia diversidad que acusan en su composición nuestras actuales sociedades y respetar las múltiples y novedosas formas de adscripción primaria, igualmente legítimas y sobrevenidas: comunales, vecinales, étnicas, ambientales, religiosas, urbanas, de género, en un desparrame de lo colectivo que ocurre al sentirse como pérdida irreparable el odre de la patria de bandera y la libertad como el mayor significado de la experiencia democrática.

Una solución que me anima es la que aporta la doctrina a cuyo tenor "lo único que debe orientar la satisfacción de

---

80 *Entre razón y religión, op. cit.,* p. 32.

la autonomía en la ciudadanía, son los mismos derechos que posee como persona" cada individuo, pues al cabo, "estos derechos son, por lo tanto, instrumentos legales que la persona posee para relacionarse con la colectividad, y que al mismo tiempo le permite distinguirse de ella". Los derechos humanos y su fundamento –la dignidad de la persona humana– son su propio límite y el límite de las distinciones social y políticamente admisibles, compatibles con la idea del pluralismo en la democracia.[81]

Juan Pablo II, dirigiéndose a las comunidades universitarias y conviniendo en que, en la actualidad, los contextos jurídicos y civiles no pueden ser más los del pasado, señala de cara al esfuerzo de reconstrucción que se considera ineludible, lo siguiente:

"Solamente la antropología fundada sobre el amor incondicional del hombre y sobre el respeto de su destino trascendente permitirá a las presentes generaciones superar las crueles divisiones y luchar contra las indignidades físicas, morales y espirituales que deshonran actualmente a la humanidad".[82]

El asunto, sin embargo, no es tan simple.

La idea de la igualdad de todos y para todos los derechos del hombre como el sentido del pluralismo otra vez se hacen, por consiguiente y como punto de reflexión, agonales. Requieren de ser revisadas por oposición al derecho a la diferencia que intenta afirmarse por encima de aquélla y

---

81 Ricard Zapata-Barrero, *Ciudadanía, democracia y pluralismo cultural: Hacia un nuevo contrato social*, Anthropos Editorial, Barcelona, 2001, p. 208.

82 Rafael Tomás Caldera, *Visión del hombre: La enseñanza de Juan Pablo II*, Ediciones Centauro, Caracas, 1986 (2ª edición, 2010, p. 5).

desbordando a ésta, hasta romperse el sano equilibrio y con un sano propósito que no oculta el constitucionalismo de actualidad y más reciente: atomizar para asegurar el poder, prosternando la amenaza de la alternabilidad democrática.

Se trata de reconsiderar, en tal orden y de nuevo, la neutralidad constitucional –lo plantea Habermas– de la democracia y del Estado de Derecho liberal, sobre cuya base se ha levantado el andamiaje contemporáneo de los derechos humanos; pues también permite la sobrevenida desfiguración de tales derechos, la propia democracia y hasta el sentido de la constitucionalidad. Por la otra, se trata de conciliar la neutralidad del constitucionalismo secular con el choque post contemporáneo –¿o convergencia en ciernes?– entre el mundo de los valores éticos y religiosos propios a la globalización de las culturas y el relativismo o asepsia que impulsa la realidad digital imperante.

El Cardenal Joseph Ratzinger, en vísperas de su elección como Pontífice Máximo se explicita de manera suficiente y esclarecedora al respecto, en criterio que me basta y contiene su memorable discurso sobre "Europa en la crisis de las culturas"[83]; y que muestra cómo el fundamento ontológico que nos lega el Holocausto y deja sus manifestaciones normativas concretas durante la segunda mitad del siglo XX, también arriesga ser lanzado al basurero de la historia:

> "La auténtica contraposición que caracteriza al mundo de hoy no es la que se produce entre las diferentes culturas religiosas, sino entre la radical emancipación del hombre de

---

83 Conferencia impartida el 1° de abril de 2015, en el Monasterio de Santa Escolástica (http://www.diocesisdecanarias.es/iglesiauniversal/ss-benedicto-xvi/benedicto-xvi-europa-en-la-crisis-de-las-culturas.html).

Dios, de las raíces de la vida, por una parte, y las grandes culturas religiosas por otra. Si se llegase a un choque de culturas, no será por el choque de las grandes religiones –que siempre han luchado una contra la otra, pero que también han sabido convivir siempre juntas–, será más bien a causa del choque entre esta radical emancipación del hombre y las grandes culturas históricas.

De este modo, el rechazo de la referencia a Dios, no es expresión de una tolerancia que quiere proteger las religiones que no son teístas y la dignidad de los ateos y de los agnósticos, sino más bien la expresión de una conciencia que quiere ver a Dios cancelado definitivamente de la vida pública de la humanidad, encerrado en el ámbito subjetivo de culturas residuales del pasado. El relativismo, que constituye el punto de partida de todo esto, se convierte en un dogmatismo que se cree con la posesión del conocimiento definitivo de la razón, y con el derecho de considerar a todo el resto únicamente como una etapa de la humanidad, en el fondo superada, y que puede relativizarse adecuadamente. En realidad, todo esto significa que necesitamos raíces para sobrevivir y que no debemos perder de vista a Dios, si queremos que la dignidad humana no desaparezca.

La búsqueda de una certeza tranquilizadora, que nadie pueda contestar independientemente de todas las diferencias, ha fallado. Ni siquiera el esfuerzo, realmente grandioso, de Kant ha sido capaz de crear la necesaria certeza compartida. Kant había negado que se pudiera conocer a Dios en el ámbito de la razón pura, pero al mismo tiempo había representado a Dios, a la libertad y a la inmortalidad como postulados de la razón práctica, sin la cual, coherentemente, para él no era posible la acción moral.

La situación actual del mundo, ¿no nos hace pensar quizás que podría tener razón de nuevo? Lo digo con otras palabras: el intento, llevado hasta el extremo, de plasmar las cosas humanas menospreciando completamente a Dios nos lleva cada vez más a los límites del abismo, al encerramiento total del hombre. Deberíamos, entonces, dar la vuelta al axioma de los ilustrados y decir: incluso quien no logra encontrar el camino de la aceptación de Dios debería de todas formas buscar vivir y dirigir su vida *veluti si Deus daretur*, como si Dios existiese. Este es el consejo que daba Pascal a sus amigos no creyentes; es el consejo que quisiéramos dar también hoy a nuestros amigos que no creen. De este modo nadie queda limitado en su libertad, y nuestra vida encuentra un sostén y un criterio del que tiene necesidad urgente".

b) *La cuestión del fundamento y su relectura: Los derechos no se inventan*

El Derecho, como sistema de normas prescriptivas y/o descriptivas de la conducta humana, nace de o se impone a un grupo social –comunidad o sociedad políticas– con el objeto de organizarlo y regular las relaciones de comportamiento de y entre sus miembros y de éstos con su mismo grupo como tal o políticamente organizado en el Estado. Aquél es, en efecto, antes que mera forma, medio y finalidad indispensables a la vez, para garantizar la convivencia y la realización de la persona humana.

Una primera aproximación que racionalmente cabe, sin más, al hablar de derechos humanos, es la de decir que no hay o no debería existir el Derecho, por lo dicho, fuera o situado más allá del hombre, en la democracia; de donde, aparte de poder señalarse que la expresión «derechos humanos» resultaría de suyo tautológica, bien podría decirse, por consiguiente, que todo el Derecho y todos los derechos habrían de ser construidos alrededor y con motivo del varón y la mujer, teniéndolos como sus titulares o sujetos por excelencia, a la vez que destinatarios, como tales y/o en sus expresiones sociales y también como organización política, de las obligaciones y responsabilidades que se coligen con tales derechos.

No en vano, al referirme alguna vez al llamado Derecho de los derechos humanos y destacar que éste y éstos están llamados a proveer la regeneración de todo el Derecho y sus instituciones, para que sirvan a su único objeto: ajustar y conciliar relaciones humanas intrínsecamente libertarias, dije que corresponde al Derecho, justamente, ajustar la libertad individual en la medida reclamada por el Bien Común y limitar el Bien Común en lo necesario para la preservación de la misma libertad.

Así se explica, a manera de ejemplo, que la Convención Americana de Derechos Humanos, montada sobre la plataforma de la naturaleza de la persona humana, prescriba en su artículo 32,2 que: [L]os derechos de cada persona están limitados por los derechos de los demás, por la seguridad de todos y por las exigencias del bien común, en una sociedad democrática".

Pero esta somera explicación, que dice bien acerca del carácter social y humanamente relevante de la experiencia jurídica, sin embargo, no alcanza a clarificar lo que es o a lo que cabe referirse cuando se habla de los derechos humanos y de la dignidad humana que les otorga su fundamento.

Gregorio Peces-Barba, uno de los teóricos contemporáneos más autorizados sobre la materia conviene en ello, una vez como señala que lo básico o vertebral es determinar los valores e identificar cuáles de éstos, como «derechos fundamentales», quedan situados "en el nivel superior de la jerarquía normativa" a partir de los que corresponde ordenar los espacios respectivos de la libertad y del Bien Común. De donde el autor admite que, el problema de "delimitar el concepto de derechos del hombre se acrecienta (...) porque se sitúa en el campo de una polémica tradicional, como la es la del iusnaturalismo vs. el positivismo".

En pocas palabras, hace depender al concepto de su fundamentación: ¿dentro o fuera del propio ordenamiento jurídico o dentro de éste en su remisión normativa a lo ontológico, como lo pregunta Habermas?[84], a la vez que sugiere que "sin tenerse clara la fundamentación de los derechos humanos se debilita la fuerza de sus garantías.[85]

La cuestión la resume Maritain, en 1947, a propósito de las elaboraciones intelectuales que ya se mencionaran y dan vida a la Declaración Universal de Derechos Humanos, así:

> La adopción o el rechazo de la ley natural como fundamento de los derechos del hombre dividía en dos grupos opuestos las opiniones sobre dicho fundamento..., para los primeros, el hombre en razón de las exigencias de su esencia posee ciertos derechos fundamentales e inalienables anteriores (por su naturaleza) y superiores a la sociedad, y por ella misma nace y se desarrolla la vida social, con cuantos derechos y deberes implica. Para los segundos, el hombre en razón del desarrollo histórico tiene derechos que son el resultado de la sociedad misma, y varían o fluyen a medida que progresa ésta y al compás del movimiento de la historia.[86]

Sea lo que fuere, cierto es que quienes afirman que los derechos humanos, desde una perspectiva sociológica o historicista tienen un origen autónomo o son obra de la evolución de las mismas sociedades humanas y en orden a sus necesidades, luego recogidos o descritos por el Derecho, no logran desprenderse de su fundamento ontológico,

---

84   Véase cita en el encabezamiento del presente escrito.

85   Gregorio Peces-Barbas, *Los derechos fundamentales*, Latina Universitaria, Madrid, 1980, p. 14 y ss.

86   *Human Rights*: .... Maritain...UNESCO, cit., p. V.

como es el caso de Manuel Juez Peris, citado por Nogueira Alcalá. Aquél, luego de afirmar que estos responden a los valores de comunidades históricas dadas y sus propósitos, al término previene que, en todo caso, es importante que "se respete como principio ineludible la propia esencia de la dignidad de la persona humana".[87]

Por su parte, quienes sostienen que los derechos humanos son los que están de acuerdo con la norma, "los que deciden la voluntad del poder" y, por tanto, como lo dice Jellinek, citado por el mismo autor, "son funcionales al poder estatal y al interés general": son, como derechos públicos subjetivos, "derecho del Estado", "para el Estado", o "en interés del Estado", al término se tropiezan con Kelsen, el maestro del positivismo. ¡Y es que, al dar como respuesta lógica que el derecho no es, en suma, sino el reflejo de una obligación jurídica, este no se atreve prescindir, a pesar de atribuirle relatividad a los derechos humanos, de la axiología como dimensión ética y valorativa dentro del Derecho, incluso como teleología!

"Sólo puedo estar de acuerdo –escribe Kelsen– en que existe una justicia relativa y puedo afirmar que es la justicia para mí. Dado que la ciencia es mi profesión, y por tanto lo más importante en mi vida, la justicia, para mí, se da en aquel orden social bajo cuya protección puede progresar la búsqueda de la verdad. Mi justicia, en definitiva, es la de la libertad, la de la paz, la justicia de la democracia, la tolerancia".[88]

Ha de tenerse presente, en este sentido, que la experiencia varias veces citada del Holocausto provoca una suerte

---

87   Nogueira Alcalá, *op .cit.,* p. 40 y ss.
88   *Loc. cit.*

de retorno intelectual al iusnaturalismo racionalista.[89] Empero, en sus diferentes versiones –como iusnaturalismo ontológico de base aristotélica y tomista, que apunta al derecho positivo como respuesta-deber a la ley eterna u orden de la naturaleza humana racional, o neo-tomista en cuya línea se inscribe Maritain, para quien el derecho natural como legado del pensamiento cristiano y clásico significa que "la persona tiene una dignidad absoluta porque está en relación directa con lo absoluto, único medio en que puede hallar su plena realización– todas a una encuentran su síntesis en tres postulados que se complementan sucesivamente:[90]

a) "Se trata de establecer la existencia de derechos naturales inherentes al ser humano, anteriores y superiores a las legislaciones escritas y a los acuerdos entre los gobiernos, derechos que no le incumbe a la comunidad civil otorgar, sino reconocer y sancionar como universalmente valederos", dice Maritain.

b) "La fundamentación objetivista de los derechos humanos reúne el conjunto de posturas doctrinales que afirman la existencia de un orden valores, reglas o principios que poseen validez objetivista, absoluta y universal con independencia de la experiencia de los individuos o de su conducta valorativa", señala Pérez Luño.

c) Se trata –el objetivismo como síntesis de las distintas posturas o escuelas iusnaturalistas– de "una explicación racional de que en el derecho positivo debe haber derechos humanos porque el que los haya viene exigido por una instancia externa y superior al puro arbitrio o a la

---

89 Juan Antonio García Amado, "Nazismo, Derecho y filosofía del Derecho", *Anuario de Filosofía del Derecho* VIII (1991), pp. 341-364.

90 Nogueira, *op. cit.*, pp. 18 y ss.

pura voluntad de los hombres". En suma, implican –los derechos humanos y en línea con el pensamiento jurídico que domina en el mundo desde la Segunda Gran Guerra del siglo XX y sirve de fundamento a las declaraciones de derechos entonces adoptadas– "principios, valores o representaciones" indisponibles para el derecho positivo, como lo ajusta Bidart Campos.[91]

De allí que Goldschmidt –padre del trialismo jurídico junto a Reale– afirme que la Justicia, como valor, sólo se realiza en todo orden, jurídico o político, que provea al desarrollo integral de la personalidad humana. Lo que la degrade es injusto, lo que la fortalezca en sus atributos realiza la justicia, como bien lo recuerda el mismo Bidart: "[E]stá sentando la base estimativa y explicativa de los derechos del hombre", son sus palabras.[92]

Igualmente, frente a la oposición comentada entre el iusnaturalismo y el positivismo, resuelta como se indicase, pertinente es recordar que Ferrajoli también encuentra como punto de equilibrio al iusconstitucionalismo, cuyo rasgo específico es que la validez de una norma – ya no solo por su contenido justo, o por la forma legal de su nacimiento –depende de su congruencia "con los principios y los derechos fundamentales establecidos por la Constitución"[93]; pues sólo así– en los vínculos de contenido impuestos por las normas sustantivas de la Constitución – encuentra su razón y fundamentos, según el autor florentino, el "estado constitucional de Derecho y de la democracia constitucional: el proyecto democrático [lo sustantivo y

---

91 Germán J. Bidart Campos, *Teoría general de los derechos humanos*, UNAM, México, 1989, p. 136.

92 *Loc. cit.*

93 Ferrajoli, *op. cit.*, p. 37.

teleológico], en adición a las formas y al método de la democracia".[94]

Sea lo que fuere, al margen de los debatidos fundamentos, de las descripciones conceptuales o de las denominaciones a que han dado lugar los derechos humanos a lo largo de la historia, todos a uno transitan, ineludiblemente y en nuestra contemporaneidad, por una exigencia valorativa previa y luego sobrepuesta al orden normativo: el reconocimiento de la dignidad de la persona, tal y como lo hacen una mayoría de los instrumentos internacionales y constitucionales cuyas crisis –obra de la globalización o civilización digital– hemos puesto de relieve:

"La Nación Venezolana proclama como razón primordial de su existencia *la libertad espiritual, política y económica del hombre asentada en la dignidad humana*, la justicia social y la equitativa participación de todo el pueblo en el disfrute de la riqueza nacional" (*Constitución de los Estados Unidos de Venezuela*, 5 de julio de 1947)

"[L]os Estados americanos han reconocido *que los derechos esenciales del hombre* no nacen del hecho de ser nacional de determinado Estado, sino que *tienen como fundamento los atributos de la persona humana*" (Declaración Americana de los Derechos y Deberes del Hombre, 2 de mayo de 1948)

"[L]a libertad, la justicia y la paz en el mundo tienen por base el *reconocimiento de la dignidad intrínseca y de los derechos iguales e inalienables* de todos los miembros de la familia humana" (*Declaración Universal de Derechos Humanos*, 10 de diciembre de 1948)

---

94 *Loc. cit.*

"*La dignidad humana es intangible*. Respetarla y protegerla es obligación de todo poder público" (*Ley Fundamental de la República Federal de Alemania*, 1949).

"Reafirmando su profunda adhesión a estas libertades fundamentales que constituyen las bases mismas de la justicia y de la paz en el mundo, y cuyo mantenimiento *reposa esencialmente, de una parte, en un régimen político verdaderamente democrático, y, de otra, en una concepción y un respeto comunes de los derechos humanos* de los cuales dependen" (*Convenio Europeo para la Protección de los Derechos Humanos y las Libertades Fundamentales*, 4 de noviembre de 1950)

"Reconociendo que *los derechos esenciales del hombre* no nacen del hecho de ser nacional de determinado Estado, sino que *tienen como fundamento los atributos de la persona humana*, razón por la cual justifican una protección internacional, de naturaleza convencional coadyuvante o complementaria de la que ofrece el derecho interno de los Estados americanos" (*Convención Americana de Derechos Humanos*, 22 de noviembre de 1969)

"*La dignidad de la persona*, los derechos inviolables que le son inherentes, el libre desarrollo de la personalidad, el respeto a la ley y a los derechos de los demás *son fundamento del orden político* y de la paz social" (*Constitución Española*, 29 de diciembre de 1978).

Ahora bien, "si se concibe el proceso democrático no a la manera positivista de Kelsen o Luchman, sino como método para crear legitimidad a partir de la legalidad, no surge ningún déficit de validez que hubiera que rellenar mediante eticidad" a objeto de que pueda realizarse la misma democracia y garantizarse los derechos humanos, afirma Habermas, antes de agregar que "frente a una comprensión del Estado constitucional proveniente del hegelianismo... se presenta esta otra concepción, inspirada por

Kant, de una fundamentación autónoma de los principios constitucionales, que, tal como ella misma pretende, sería racionalmente aceptable para todos los ciudadanos".[95]

Apuesta, por lo mismo, a "la neutralidad cosmovisional del poder del Estado, que garantiza iguales libertades éticas para cada ciudadano, [pues] es incompatible con cualquier intento de generalizar políticamente una visión secularista del mundo"; señalando, al efecto, que "los ciudadanos secularizados, cuando se presentan y actúan en su papel de ciudadanos, ni pueden negar, en principio, a las cosmovisiones religiosas un potencial de verdad, ni tampoco pueden discutir a sus conciudadanos creyentes el derecho de hacer contribuciones en su lenguaje religioso a las discusiones públicas".[96]

El caso es, que ante la legítima pluralidad de éticas ciudadanas postuladas por Habermas y es aceptable, cabe preguntar sobre el criterio adecuado para zanjar las diferencias o pugna de intereses judicializables: ¿la neutralidad constitucional; la base legitimadora del orden constitucional: la dignidad humana como moral fundante del orden; o acaso el criterio que la mayoría democrática imponga al juzgador?

Entre tanto, quien luego es Papa Benedicto XVI, a su turno señala que sigue planteado el debate sobre el origen de la ley y su configuración como vehículo de la justicia; ya que si lo primero puede ser resuelto adecuadamente "gracias a los instrumentos de la formación democrática de la voluntad popular" –autónomamente– y admitiéndose que "la participación colectiva en la creación de las leyes y

---

95   http://www.lanacion.com.ar/704220-por-jurgen-habermas.
96   *Loc. cit.*

en la administración justa del poder es el motivo fundamental para considerar que la democracia es la forma más adecuada del ordenamiento político", las "mayorías también pueden ser ciegas e injustas". De allí que Ratzinger apunte a lo constatable, a saber, que "la era contemporánea ha formulado, en las diferentes declaraciones de los derechos humanos, un repertorio de elementos normativos de ese tipo [cosas que por su naturaleza sean siempre irrevocablemente justas] y los ha sustraído al juego de las mayorías". No avanza, obviamente, sobre el tema mencionado de la inflación actual de tales derechos, si bien sugiere un límite, a saber, que no pueden inventarse.[97]

Incluso así, el Cardenal abre caminos al entendimiento entre la razón y la fe, entre el saber autónomo y la esencia de la naturaleza de la persona humana, previniendo o advirtiendo que si bien ha entrado en crisis la misma idea del derecho natural –al decírsenos ahora que la naturaleza evoluciona, por ende, no es racional– queda a todo evento en pie la idea de Ulpiano (siglo III d.C) a cuyo tenor "el derecho natural es aquel que la naturaleza enseña a todos los animales". Pero la corrige o completa para recordar que "no se trata de aquello que afecta a todos los *animalia*, sino de cuestiones que corresponden específicamente al hombre, que han surgido de la razón humana y que no pueden resolverse sin recurrir a la razón". De donde, a su juicio, "el último elemento que queda en pie del derecho natural son los derechos humanos, los cuales no son comprensibles, si no se acepta previamente que el hombre, por sí mismo, simplemente por su pertenencia a la especie humana, es sujeto de derechos, y su existencia es portadora de

---

97   http://www.lanacion.com.ar/704221-por-joseph-ratzinger.

valores y normas, que pueden encontrarse, pero no inventarse", concluye de modo lapidario.[98]

c) *De vuelta al principio: La verdad del hombre*

Conocer al hombre, pues, desde una perspectiva antropológica –sea para los que abonan como fundamento de sus derechos a la racionalidad legal y autónoma, sea para quienes sitúan a la moral como límite de ésta y de aquéllos, ora para el iusconstitucionalismo ferrajoliano– es, de suyo, la puerta principal o de entrada al mundo de los derechos humanos y para el cabal entendimiento de éstos y el principio de la dignidad humana que los soporta, define, y limita en sus enunciados y contenidos; más allá de los antecedentes que algunas de sus manifestaciones particulares puedan encontrar a lo largo de la historia, pero que, por falta de dicho entendimiento previo, no alcanzan a ser jerarquizados hasta nuestra contemporaneidad. Pero que ahora, en esa misma contemporaneidad, pierden su jerarquía o se banalizan o se ven violados de manera sistemática, por desfigurarse tal entendimiento.

Todo ser humano, como lo dicta la experiencia común, es unidad. Es individualidad al nacer y al morir, pero es, así mismo, unicidad. Es experiencia única vital e irrepetible, a un punto tal que, si bien cada uno y todos los hombres siempre llegan a realizar las mismas cosas, en el marco de o para forjar sus respectivas culturas, de ordinario lo hacen cada uno y todos de manera diferente, bajo una perspectiva propia, salvo que se les reduzca a número; se les cosifique y masifique hasta hacerles perder su identidad, su dignidad consustancial. Álter ego, por ende, indica

---

98 *Loc. cit.*

que una persona se identifica con otra, en sus opiniones, sin dejar de Ser, como proyecto de vida propio e irrepetible.

Pero uno y único, el ser humano es de suyo carente, entidad necesitada de los otros, porque sus propios derechos y expectativas los explica y justifica con relación a los otros y junto a los otros. Nadie ejerce sus atributos humanos o las expresiones de su dignidad inmanente ante sí, con independencia del entorno humano y natural que le rodee; contexto dentro del que sólo es posible desplegar el atributo de la perfectibilidad, la posibilidad de hacer camino con apoyo en lo que a todos –aquí sí– nos identifica como hijos de la Creación, la inteligencia, la capacidad para el raciocinio.

Lo dice bien Rafael Tomás Caldera, al tratar de la *Visión del hombre* en Juan Pablo II, en los términos que siguen:

> "La verdad acerca del hombre es por tanto el fundamento de la convivencia. "La convivencia civil –se lee en la *Pacem in terris*– sólo puede juzgarse ordenada, fructífera y congruente con la dignidad humana si se funda en la verdad". Es esto lo que corresponde a la persona humana: que la vida social esté fundada no sobre cualquier opinión más o menos acertada, sino sobre la manifestación del ser mismo del hombre, sobre la verdad de su conciencia".[99]

A lo que agrega que:

> "La liberación del hombre en la verdad y el amor se lleva a cabo en la sociedad, que ha de estar fundada por ello en la verdad. La sociedad es un cosmos de sentido. Convivir,

---

99   Caldera, *op. cit.*, p. 44.

para el hombre, es participar en un ámbito de significación en el cual las acciones de los diversos sujetos pueden alcanzar una cierta unidad, pueden ser ejecutadas en conocimiento de la subjetividad de los otros, ser por tanto efectiva colaboración. La participación en ese cosmos de sentido permite además la mutua experiencia de las personas en la comunicación de su intimidad".[100]

Comprender esto y aceptarlo por razón y por convicción, es condición necesaria, así lo creo, para que los sistemas sociales y sus expresiones políticas o normativas varias se reconozcan, a sí mismas, como prolongaciones de lo humano, a partir, incluso, de sus tragedias o caídas, y alcancen ser o volver a ser, en sus fisiologías sociales y políticas, progresivamente, reflejos de humanidad.

Así se entiende, no de otra manera, el alcance de la doctrina judicial alemana más reciente, cuando al referirse a los valores de la Constitución y revelar el exacto y actual sentido del llamado neoconstitucionalismo, afirma que:

"La ley Fundamental es un ordenamiento vinculado a valores, que reconoce la protección de la libertad y la dignidad humana como la máxima finalidad de todos los derechos; sin embargo, su idea del ser humano no es la del individuo autónomo aislado, sino la del que está en comunidad y con una personalidad sujeta a obligaciones de diversas maneras. En el Art. 1, párrafo 3 de la ley Fundamental se establece que los derechos fundamentales son vinculantes para el poder legislativo, el Ejecutivo y el Judicial. Esa vinculación plena de los poderes estatales se contradice cuando en la ejecución de una sanción penal los derechos fundamentales pueden ser restringidos a discreción o por potestad discrecional. Sólo cabe admitir una restricción cuando ella es indispensable para el logro de un fin social contemplado

---

100 *Ídem*, p. 43.

en el orden de valores de la ley Fundamental y se da en las formas previstas constitucionalmente".[101]

La idea del ser humano, en suma, es de lo más relevante para el cabal entendimiento y hasta para la reconstrucción de una teoría normativa democrática de los derechos humanos. Se impone, pues, la exégesis antropológica, con independencia del debate bizantino entre iusnaturalistas y positivistas que advierte como pertinente Peces-Barba, pero que resuelve, al término, Goldschmidt, según lo repetido, con su teoría trialista, que incorpora como exigencia el campo valorativo para la realización de la Justicia a partir del Derecho y para una mejor comprensión de la complejidad (conductas, normas, valores) del mundo jurídico.

Tres principios –en el entendimiento de Juan Pablo II, que es la opción teórica y de experiencia que comparto– caracterizan al hombre, según las enseñanzas vetero y neo testamentarias:

1) "Las culturas humanas reflejan, sin duda, los diversos sistemas de relaciones de producción; sin embargo, no es tal o cual sistema determinado el que está en el origen de la cultura, sino el hombre; el hombre que acepta el sistema o se esfuerza en cambiarlo". O, en palabras de éste que recoge Valadier, "el hombre es una realidad primaria y fundamental no reducible a la historia, ni a las instituciones y culturas en que se despliega... El hombre es el hecho primordial y fundamental de la cultura".[102]

2) El hombre ha de tomarse "en el conjunto integral de su subjetividad espiritual y material". El ser humano es, indisolublemente, sujeto espiritual y material, espíritu y

---

101 Schwabe, *Jurisprudencia del tribunal...*, *op. cit.*, p. 49.

102 Paul Valadier, "Jean Paul II: Une vision de l'homme d'aprñès les discurs prononcés en France", *Études*, 353, 1980, pp. 527-541.

cuerpo, aspectos inseparables, que sin ser opuestos hay que saber jerarquizarlos. El espíritu, entendido como "capacidad de entender, querer y amar" es lo que constituye al hombre en persona humana, le separa fundamentalmente del reino animal y le hace señor de lo creado. Esa clásica concepción le permite atacar a los totalitarismos que reducen al hombre a una máquina o a los sistemas económicos que le asimilan a un objeto, ajusta el mismo Valadier.[103]

3) El tercer principio antropológico, según el autor de la anterior exégesis, es la primacía del "ser" sobre el "tener". "Todo el "tener" del hombre ni vale la pena ni es un factor creador de cultura, sino en la medida en que el hombre, por medio de ese "tener" puede al mismo tiempo "ser" más plenamente hombre en todas las dimensiones de su existencia, en todo lo que caracteriza su humanidad".[104]

Caldera, en una elaboración más detenida acerca de la visión del hombre en Juan Pablo II, precisa los anteriores principios y los amplia describiendo las dimensiones vocacionales del hombre al amor, es decir la de donarse irremediablemente, el descubrirse a sí en la «otredad»[105]:

1) Su dimensión profética, la de servicio a la verdad, justamente por cuanto "tiene razón el hombre –dice la *Gaudium et spes*– participante de la luz de la inteligencia divina, cuando afirma que por virtud de su inteligencia es superior al universo material"; de donde, siendo el hombre superior al conjunto de las cosas, su

---

103 *Loc. cit.*

104 *Ídem.*

105 Caldera, *op. cit.*, pp. 9 y ss.

realización no está entre las cosas, debiendo primar la "civilización del ser".

2) Su dimensión real, "sobre la actividad humana en el mundo", ya que al ser "superior a las cosas por su inteligencia, el hombre puede dominarlas, esto es, orientarlas a propósitos humanos para lograr para sí mejores condiciones de vida e instaurar una civilización en la cual se cultive cada vez más la humanidad del hombre". Y al transformar las cosas y a la sociedad, en este orden, se perfecciona a sí mismo.

3) Su dimensión sacerdotal, visto que al trascender "el mundo de las cosas y dominarlas con su inteligencia, ordenada al conocimiento de la verdad", el hombre trasciende al tiempo, deviene "un ser en camino" para alcanzar "la plena dimensión de su humanidad". No es perfecto, por ende, pero es perfectible y viene a la vida obligado por dicha exigencia, la de su progresivo desarrollo.

Inteligencia, dominio sobre las cosas, y trascendencia o perfectibilidad humanas, serían, en suma, los principios y dimensiones antropológicas relevantes para los fines normativos en la democracia y para la determinación de los derechos fundamentales que ésta ha de asegurarle a todo hombre y a todos los hombres mediante el Estado constitucional de Derecho. Son los que nos muestran una precisa visión del mismo hombre y expresan, a cabalidad, su dignidad inmanente; que tiene algo más, ésta, que sirve de hilo de Ariadna y leo en Caldera, a saber, la idea de la verdad, luz de la inteligencia humana, que le impide al hombre negar la misma verdad de su ser:

"Tiene razón el hombre —observa el Concilio—, participante de la luz de la inteligencia divina, cuando afirma que por virtud de su inteligencia es superior al universo material". Por ello, "la dignidad propia del hombre, esa que se le

189

ofrece al mismo tiempo como don y como tarea que realizar, se halla estrechamente vinculada con la referencia a la verdad. El pensar en la verdad y el vivir en la verdad son sus componentes indispensables y esenciales". De allí esta rotunda afirmación: "el hombre es hombre a través de la verdad. La relación con la verdad es la que decide sobre su humanidad y constituye la dignidad de su persona".[106]

La conclusión no se hace esperar. Sobre tales principios, más allá de la historia y en su prolongación, reside el fundamento de los derechos humanos. Y su entendimiento explica la razón de sistematizarlos y caracterizarlos normativamente, dentro del orden social y político. Se trata, entonces, de derechos fundamentales y subjetivos, que muestran al hombre en lo que es y por ser tal, sin que todos los derechos llamados subjetivos, dentro de la ciencia del Derecho, puedan catalogarse como tales, como derechos humanos; pues éstos son sólo los que le pertenecen al hombre –varón y mujer– dada su condición sustantiva. Son únicamente aquéllos que lo expresan y le dan concreción a su dignidad inmanente como persona; de suyo, son los que corresponden a todos los hombres, sin distinciones, universalmente.

De allí la afirmación conclusiva de Caldera:

"Las claves hermenéuticas y las tesis antropológicas examinadas permiten comprender y juzgar los procesos de civilización, para preservar su originario sentido de afirmación del hombre. Así, la libertad, la educación, el trabajo y la vida familiar, la ciencia, las artes, la técnica, la vida económica, la política, las relaciones entre las comunidades y los pueblos. Todo resulta iluminado por esta verdad sobre

---

106 *Ídem*, p. 38.

el hombre que el Concilio ha expresado de nuevo para nuestra época y de la cual Juan Pablo II ha sido portavoz elocuente e infatigable".[107]

No por azar la Declaración Universal de Derechos Humanos, en su preámbulo, indica desde ayer y para siempre que "la libertad, la justicia y la paz en el mundo tienen por base el reconocimiento de la dignidad intrínseca y de los derechos iguales e inalienables de todos los miembros de la familia humana"; tanto como, incluso a riesgo de repetirme, la Convención Americana, en su preámbulo, habla de "los derechos esenciales del hombre" para señalar lo que son y al afirmar que "no nacen del hecho de ser nacional de determinado Estado, sino que tienen por fundamento los atributos de la persona humana". O que la Constitución alemana citada encuentre como pórtico y valor supremo al que queda sujeto su entramado dogmático y orgánico, el de la dignidad humana.

d) *Los derechos del hombre, ¿valores o derechos?*

Al hablarse de la dignidad de la persona humana: dignidad, personalidad, humanidad, es decir, trinidad de palabras sobre las que –en alguna de sus tantas perspectivas– encontrarían razón de ser los llamados derechos del hombre o humanos, o derechos fundamentales, o derechos públicos subjetivos, se puede advertir lo fácil que resulta aproximarse a ellos mediante la simple o elemental intuición u observación; a diferencia de cuanto ocurre cuando media, a propósito de los mismos, la necesidad de formularlos o describirlos racionalmente, de hacer la exégesis o interpretación de sus contenidos, y fijar límites a la luz de

---

107 *Íb.*, p. 13.

lo que son y para mejor traducirlos en su objetividad, para garantizarlos y tutelarlos y, asimismo, para impedir sus manipulaciones e incluso los intentos para su inflación indebida.

No me refiero, por cierto, al argumento de la inflación que esboza Ferrajoli –coincidiendo con sus términos– y al criticar la identificación como derechos humanos de "cualquier expectativa merecedora de tutela... [que como tales derechos] jurídicamente no existen en el sentido de que nunca han sido estipulados en una ley positiva"[108], v.gr. la calidad de vida o el medio ambiente, entre otros. Apunto, antes bien, a lo que he repetido hasta la saciedad, a saber, a la distinción entre los derechos que se fundan en la dignidad humana y en el criterio de su universalidad, y los otros que crecen bajo el paraguas de éstos sin ser tales.

En este orden cabe preguntarse si ¿los derechos humanos son derechos o son valores?, y en caso de ser derechos morales ¿reclaman ser transformados en derechos jurídicos, mediante normas de derecho positivo, para que alcancen su utilidad práctica y efectividad?

Norberto Bobbio apunta que el problema de los derechos humanos no es filosófico sino jurídico y mejor aún político, tomando en cuenta el drama que los afecta en su falta de garantías y la violación reiterada que acusan los instrumentos declarativos, convencionales o constitucionales que los reconocen o prescriben: "El problema de fondo relativo a los derechos humanos no es hoy tanto el de justi-

---

108　*Vid.* Luis Arroyo Zapatero et al. (Coordinadores), *Crítica y justificación del derecho penal en el cambio de siglo*, Ediciones de la Universidad Castilla-La Mancha, Cuenca, 2003, pp. 119-120.

ficarlos, como el de protegerlos".[109] Y Maritain admite como esencial la razón práctica que hace posible la forja de la Declaración Universal de 1948.[110]

Los derechos humanos, en todo caso, poseen especificidad técnico-jurídica como derechos subjetivos. No por azar, Nino observa que, siendo ellos derechos morales nada obsta para que en paralelo surjan sobre ellos derechos jurídicos subjetivos en el ámbito del Derecho internacional y de los Derechos nacionales democráticos; pues los derechos humanos, como tales derechos morales, si bien no necesitan para ser lo que son de un expreso reconocimiento a través de ciertas normas jurídicas, ellos incluyen, dentro de su núcleo pétreo, la "pretensión" de que se establezcan, justamente, los medios de protección de los derechos humanos respectivos, ora dándoles jerarquía constitucional, ora controlando las leyes que pretendan desconocerlos o restringirlos, sea estableciendo sanciones para quienes los violenten, sea disponiendo deberes activos para su implementación.[111]

Todo derecho subjetivo –sinónimo de permiso, libertad, atribución, privilegio, facultad, poder, posibilidad, garantía– predica la situación particular en que se encuentra una persona o conjunto de personas con relación al derecho objetivo: llámesele Derecho internacional, Derecho constitucional, Derecho administrativo, Derecho civil, Derecho penal, Derecho ambiental. Vistas las libertades como derechos y en sus especificidades materiales, de buenas a pri-

---

109 Norberto Bobbio, *El tiempo de los derechos*, Editorial Sistema, Madrid, p. 61.

110 *Vid supra.*

111 Carlos S. Nino, "Sobre los derechos morales", *Doxa* 7 (1990), pp. 311-325.

meras bien pueden concebirse, en línea con el pensamiento kelseniano, como ausencias de prohibiciones, como autorizaciones o licencias para hacer, como correlatos de obligaciones que otros asumen, como poder para demandar y esperar que un juez satisfaga, o como inmunidad ante el poder constituyente o constituido.

La solución más modesta y prudente, empero, es la de señalar que cada vez que a un hombre se le reconoce o hace titular de un derecho se le subjetiviza; de donde puede afirmarse que todos los derechos humanos, sin mengua de la especificidad que como categoría tienen, son subjetivos en tanto y en cuanto pertenecen al hombre.

Se esgrime con pertinencia, al respecto, que la calificación de los derechos humanos como derechos subjetivos ha de hacerse con pinzas, pues la lógica de unos y de otros son distintas: La dogmática jurídica mide lo humano a partir del Derecho, en tanto que los derechos humanos son o pasan a ser la medida de validez del Derecho, como lo señala Barzotto.[112]

De allí la importancia de saber cuáles son los derechos humanos singulares y el alcance de sus respectivos núcleos pétreos. Mas, sea lo que fuere, Peces-Barba añade lo determinante, como lo es que las normas jurídicas, formalmente válidas, productos de la ley, anudadas a razones sociológicas, políticas o temporales, no pueden, a su voluntad, crear fuera de contexto derechos fundamentales[113]; o como lo indica Parelman, la teoría de los derechos huma-

---

112 Luis Fernando Barzotto, "Os direitos humanos como direitos subjetivos: da dogmatica jurídica à ética", *Jurisdicao e Direitos Fundamentais*, Porto Alegre, v. 1, n. 1, 2005, pp. 239-280.

113 Apud. Bidart Campos, *op. cit.*, p. 106.

nos no puede ser el derivado de una "irracionalidad arbitraria".[114] No pueden inventarse, como lo previene Ratzinger y cabe repetirlo.

El Derecho se explica, realiza y justifica dentro de la conocida noción del Estado de Derecho –seguridad y/o confianza jurídica, separación de los poderes públicos, sujeción de estos a la Constitución y a la legalidad, protección y tutela judicial de los derechos humanos– cuya finalidad indeclinable, en una democracia, es proteger, permitir y/o coadyuvar a que el hombre y todos los hombres alcancen su realización como personas humanas y en dignidad. Por ello mismo, los derechos humanos, siendo derechos subjetivos, para que se les reconozca en su primacía, a la par han de ser entendidos como el "valor superior" o el elemento regenerador de la espiritualidad de todo el Derecho y de todos los ordenamientos normativos que en él convergen desde sus respectivos ángulos de validez personal, material, espacial o temporal.

A partir de aquellos como valor y apelando a su condición de "brújula" de la juridicidad y su teleología, sabemos o no si el Derecho o si, mejor todavía, el Estado constitucional de Derecho y la democracia rigen en plenitud dentro del orden social y en sus valores ético-democráticos dominantes. Tanto es así que, como derechos humanos y de conjunto, no pocas constituciones los asumen como valores superiores que atan al ordenamiento jurídico en su desarrollo e interpretación.

La propia Convención Americana de Derechos Humanos y, antes, la Declaración Americana de Derechos del

---

114 Apud. Jorge Iván Hübner Gallo, *Los derechos humanos*, Editorial Jurídica de Chile, Santiago de Chile, 1993, p. 117.

Hombre, asumen los derechos que reconocen, *in totus*, como "atributos de la persona humana" y previos a la juridicidad del Estado, que sólo pueden expresarse y entenderse adecuadamente en un contexto democrático y bajo un Estado de Derecho.

Aquéllos, según la propia Convención citada y a manera de ejemplos, son los que indica nominalmente su articulado, sin perjuicio de los otros inherentes a la persona humana con vistas al valor de su dignidad, y reclama de leyes, eso sí, que los garanticen, tal y como puede colegirse de la lectura del Preámbulo y de los artículos 1, 2 y 29 del señalado instrumento interamericano. De allí que puede decirse, en síntesis, que media una prelación ontológica del derecho humano –la idea de la dignidad humana– a la que sucede la obligación jurídica; pues de preferirse a esta como lo determinante, cede en su fuerza y esencia el mismo derecho humano.

La Corte de San José, por consiguiente, dice que "[l]a Convención Americana, así como los demás tratados de derechos humanos, se inspiran en valores comunes superiores (centrados en la protección de la persona humana), están dotados de mecanismos específicos de supervisión, se aplican de conformidad con la noción de garantía colectiva, consagran obligaciones de carácter esencialmente objetivo, y tienen una naturaleza especial [dichos tratados] que los diferencian de los demás tratados, los cuales reglamentan intereses recíprocos...". (Corte IDH, *Caso del Tribunal Constitucional*, Competencia, 1999).

Dos o tres ideas cabe subrayar en orden a lo anterior.

Una, que existe consenso social en torno a los derechos humanos como inherentes a la persona, prudentemente acogidos en los tratados internacionales y en las constituciones de los Estados en calidad de derechos subjetivos; y otra, según lo dicho por Bobbio, que el desafío reside en tutelar jurídica e institucionalmente al hombre, desde un plano objetivo, para sacarlo de su indefensión y asegurarle sus derechos humanos como sujeto. Pero, en suma y según mi criterio, ello reclama del intérprete – como tercera idea - no obviar, en modo alguno, que siendo los derechos humanos derechos subjetivos, objetivamente tutelados, y pudiendo, de suyo, bastarle al efecto sus normas, al ser éstos, igualmente, valores superiores que encuentran su síntesis en la idea de la dignidad humana, el alcance de aquéllas depende de éstos. Solo así podrán curarse los derechos humanos y los ordenamientos que los reconozcan y garanticen, dándole sentido y propósito a la democracia y al Estado de Derecho, de los virus que los desnaturalizan y/o provocan su indebida inflación.

4. *Hacia los derechos humanos transversales o integradores de todos los derechos*

En orden a lo anterior, viene de suyo considerar la preocupación de fondo que reside en lo expuesto por esta relectura, a saber, la del efecto que la invertebración social y el avance que se constata hacia estadios de desinstitucionalización de la democracia y el Estado de Derecho, en el marco de la sociedad global o digital en curso, ejerce sobre la relativización de la dignidad humana y los derechos fundamentales que a ella se coligen.

Más allá de lo cuantitativo[115], es decir, de constatarse que los derechos humanos en 1948 (los de primera y segunda generación), estatuidos en positivo o negativo, o desdoblados o ampliados algunos de ellos, suman 26 cate-

---

115 http://www.derechoshumanos.net/derechos/index.htm#politicos.

gorías que luego se mantienen, a pesar de sus desarrollos exponenciales, en los pactos internacionales de 1966; considerando, así mismo, que en el conjunto de los instrumentos universales y regionales –europeos y americanos– más importantes sobre la materia, se conserva una sistemática aproximada, pero que amplía el conjunto de los derechos civiles y políticos, económicos, sociales y culturales, incluidos los derechos laborales, de los pueblos, de las víctimas de violaciones de derechos humanos, etc., a un número aproximado de 150 categorías de derechos; o que, ejemplificando, el catálogo de los 52 derechos humanos que la sistemática mexicana contempla como tales y luego multiplica en subcategorías que incluyen, v.gr. el "derecho a la cultura física y la práctica del deporte" o el "derecho del migrante a no ser detenido dentro de albergues"; cabe preguntarse sobre ¿cuántos de los derechos reconocidos pueden realmente afirmarse fundados en la dignidad de la persona humana y su connotación universal, tanto como esenciales para la configuración teleológica de la democracia social y política? ¿O, cuántos de los mismos, mejor dicho, cuántos de los que vienen no responderán, acaso, a la percepción que acerca de los derechos tiene una parte la doctrina, es decir, entenderlos como "reivindicaciones futuras" que se extraen de la naturaleza objetiva con independencia del Ser, sin relacionar el Tener con el Ser de toda persona y su dignidad inmanente?.

a) *Los derechos de cuarta y quinta generación: ¿derechos paraguas u orden de la dignidad?*

Téngase presente que, se habla ahora de derechos de cuarta y hasta de quinta generación, orientados los primeros a "asegurarles la razonable perpetuación de los recursos, riquezas y medios"[116] a las generaciones futuras. Y el tema no es baladí, pues trae a colación la pregunta que se hace el mismo Habermas e ilustra la página introductoria de este escrito: ¿el Estado constitucional democrático puede cubrir con sus propios recursos los fundamentos normativos en los que ese Estado se basa? ¿Si el principio de la dignidad humana es, como lo he indicado a propósito de lo anterior, regenerador de todo el Derecho y medida de sus finalidades en una democracia constitucional, cómo logra digerirse a la misma, ancla de la democracia y del Estado de Derecho, a la luz de su apertura exponencial hasta cubrir categorías que desborden la madre en un río de derechos situados en el plano de lo reivindicatorio? ¿O no es éste, entonces, el signo característico de la misma globalización y hasta de la mudanza conceptual de la democracia y de su experiencia político-territorial?

Entiendo, por ende, que la respuesta a lo así planteado transitará por el camino del debate actual sobre los mencionados nuevos derechos y su control judicial, admitiendo que los que integran las generaciones anteriores responden con exactitud a la tríada conceptual revolucionaria francesa de 1789: libertad, igualdad, fraternidad, y que aquéllos, los nuevos, vienen signados por la imposibilidad de situarlos dentro de ésta, por inéditos o ser reformulaciones novedosas de viejos derechos.

Más allá de los criterios o las razones varias que son esgrimidas a fin de fundamentarlos, sin mengua de la propuesta que al término formula Bustamante Donas a objeto de darle una respuesta a la sociedad tecnológica, la global, la digital en curso acelerado y sus desafíos sobre todo el

---

116 González Álvarez, *cit.*, p. 4.

plexo de los derechos humanos históricamente reconocidos
– situándolos en perspectiva digital, como el no quedar
sujetos los derechos a jurisdicciones políticas exclusivas, el
ejercicio de las libertades digitales de acceso a la información y disposición de medios para ello, de disposición de
correos electrónicos, de privacidad de las transacciones
digitales, de protección contra la apropiación fraudulenta
de fondos en línea, de asociación libre en línea y participar
de redes de propia elección, de control sobre los datos o
informaciones personales en línea, de libertad de elección
de servicios digitales, de distribución en línea de la producción intelectual y de protección de derechos sobre la
misma, entre otras – al término fija lo vertebral del planteamiento que interesa a esta relectura:

> "La necesidad de continuar pensando nuestra condición
> humana para que al ser reconocida como tal, pueda ser res-
> petada, abre la oportunidad de un discurso ético sobre los
> derechos humanos en una era en la que la tecnología apare-
> ce como condición esencial de posibilidad y como carac-
> terística definidora de nuestra sociedad... [L]a condición
> humana en la sociedad tecnológica, una consideración fi-
> losófica de los valores de razón, dignidad, libertad, igual-
> dad, solidaridad y paz, que expresan dicha condición, debe
> realizarse a través de un discurso que considere los derechos
> humanos como exigencias morales de realización tanto en
> el nivel personal como en el comunitario. Introducir la tec-
> nología en este contexto significa atender a la necesidad de
> traducir dicho discurso en términos que puedan también
> abarcar a la ciencia y a la tecnología como elementos que
> modifican el concepto de espacio o ámbito en el que se ma-
> nifiestan, profundizan, y desarrollan los derechos humanos.
> Este nuevo ámbito está abriendo nuevas perspectivas para

entender, de una forma sustancialmente más amplia, la declaración universal de los derechos humanos de 1948".[117]

Vale, entonces, a la luz de las realidades planteadas, la probable enunciación de derechos humanos transversales o integradores, o bien diques del conjunto de los derechos humanos de las generaciones precedentes, con vistas a evitar sus desfiguraciones dentro de la sociedad global y sus tendencias descontracturantes del sentido de la misma dignidad humana.

Bustamante tiene una proposición concreta, la de asumir en plenitud la realidad digital con sus consecuencias (trastornos de la organización estatal y su referente territorial garantistas, relajamiento en la identidad social y ciudadana, deslave de reivindicaciones y su mudanza exponencial en derechos emergentes), adecuando a ella los derechos humanos reconocidos y fijando como eje del conjunto a la ética; pero una ética distinta de la tradicional, a saber, la que opone el poder al deber, al poder hacer y al deber hacer, lo que ha generado coerciones de lado y lado en la esfera de la libertad y conforme al fundamento que a ésta le asignan sus titulares o destinatarios.

Al apelar al argumento del profesor Ramón Queraltó, quien sugiere adecuar los vectores éticos en la sociedad a una racionalidad tecnológica, a partir de la pregunta "para qué y no "por qué", permitiendo que las actividades humanas, en todas sus facetas, alcancen utilidad, eficacia, eficiencia: la "eficacia operativa como instrumento de metodología ética", Bustamente sugiere extenderla al campo

---

117 Bustamante Donas, *cit.* supra .

total de los derechos humanos a fin de que dejen de ser meras abstracciones o buenos propósitos.[118]

Sin abordar, por lo pronto, un debate respecto de la validez de lo sugerido, lo relevante es, como lo he dicho, la preocupación que se hace agonal en cuanto a restablecer otra vez –como a finales de la Segunda Gran Guerra del siglo XX– el ancla ética de los derechos humanos, que al cabo redunda en calidad de la democracia y funcionalidad del Estado de Derecho; al ser encuadrados, éstos, dentro de una base conceptual que los asegura en su naturaleza fundamental, como valores y no sólo como derechos que atan dentro del Estado constitucional y democrático de Derecho.

En una línea próxima se inscriben, quizás sin proponérselo de buenas a primera, las elaboraciones del reputado constitucionalista brasileño Paulo Bonavides acerca de los derechos de cuarta generación, dentro de los que contempla "a la democracia, a la información, y al pluralismo como reflejo de la globalización política y el ánimo de asegurar el futuro de la ciudadanía y la libertad de todos los pueblos". Tanto como lo hace, aquí sí y de modo expreso, para asegurarle su armadura al plexo de los derechos humanos, una vez como saca de la tercera generación de derechos al derecho a la paz, a fin de encumbrarlo como derecho de quinta generación.

b) *El derecho al orden de la democracia y de la paz*

En cuanto al derecho a la democracia y el pluralismo, como derechos de cuarta generación, la tesis de su proponente los relaciona directamente con la presencia de la globalización y sus incidencias en éstos, al abrirle campos al

---

118 *Loc. cit.*

derecho a ser diferente, a la información, a la pluralidad en sus más diversos aspectos, al respeto de las minorías; convencido de que, bajo la democracia como derecho y su interpretación abierta por el juez, teniendo en cuenta las diferencias o pluralidades sociales, son susceptibles de readquirir sus fortalezas perdidas los derechos de primera, segunda y tercera generaciones, como los nuevos derechos. Y aquí Fernandes dos Santos,[119] luego de hacer exégesis de lo señalado por Bonavides, señala que "la democracia plural exige de la ciencia jurídica una posición menos positivista; pues si el Derecho, visto desde el ángulo de la teoría tridimensional, envuelve como uno de sus elementos a la realidad, no hay motivos para que jurídicamente el Derecho no se alimente de las pluralidades del cuerpo social". De donde apela a Habermas para fijar la relación entre la misma democracia y la hermenéutica jurídica, en sociedades desembozadamente pluralistas:

> "Los criterios de interpretación constitucional han de ser tanto más abiertos cuanto más pluralista sea la sociedad... quien vive la norma termina por interpretarla o cuando menos co-interpretarla".

Queda pendiente, como he dicho antes, resolver sobre los alcances o límites del pluralismo en sus incidencias sobre los derechos humanos y sus crecimientos exponenciales, a riesgo de perder su fundamento, lo que de suyo reenvía a la idea señalada del ancla ética: la dignidad de la persona humana, por ende, del carácter universal de los derechos que a ésta se coligen.

---

119 Leonardo Fernandes dos Santos, "Quarta geração/dimensão dos direitos fundamentais: pluralismo, democracia e o direito de ser diferente", Maringá, s/f.

El caso es que Bonavides, al retomar el derecho a la paz –en cuya exégesis he trabajado bajo la guía intelectual de su original proponente, el maestro Vasak[120]– y al pretender ubicarlo como condición de todos los derechos –léase de la propia democracia, el Estado de Derecho, y el conjunto de los derechos humanos– señala, concretamente, que "la dignidad jurídica de la paz deriva del reconocimiento universal que se le debe en cuanto presupuesto cualitativo de la convivencia humana, elemento de conservación de la especie, reino de seguridad de los derechos humanos". En otras palabras, según el autor, la concreción de los derechos de quinta generación, léase del derecho a la paz y sus manifestaciones, "humaniza la comunión social, atempera y ameniza las relaciones de poder, y hace que la autoridad pese menos sobre los fueros de la ciudadanía".[121]

Y es verdad que la propia Declaración Universal de 1948, en su artículo 28, cierra el plexo de los derechos reconocidos así:

> "Toda persona tiene derecho a que se establezca un orden social e internacional en el que los derechos y libertades proclamados en esta Declaración se hagan plenamente efectivos".

Se trataría, en efecto, del orden de la paz, como yo mismo lo afirmase en algún momento, pero que en línea con mis propias elaboraciones y quizás influido por las previsiones de la Convención Americana, sólo se alcanza o expresa a través de la democracia y su actual entendimien-

---

120 Asdrúbal Aguiar, *Perfiles éticos…, op. cit.,* p. 56.

121 Paulo Bonavides, "A quinta geraçao de direitos fundamentais", *Direitos fundamentais & Justiça*, n. 3, abr-jun 2008.

to, como derecho humano integrador de todos los derechos y no sólo como orden.

Pero afirmar esto, acaso basta, vuelvo a repetirlo, como odre o dique dentro del que se precisa la noción y alcanzan adecuada enunciación los derechos humanos, los universales, que se desprenden de la dignidad de la persona humana compartida por todos; pero no basta, una vez superada la neutralidad constitucional y del Derecho y admitiéndose que la labor interpretativa o la exégesis judicial ha de hacerle espacio a la pluralidad social, si no tienen éstas una clara correspondencia con la tercera dimensión del propio Derecho, junto a la realidad y su precisa descripción normativa, a saber, la valorativa, la que hace a la Justicia, como dimensión que se explica en el principio ordenador de la dignidad humana, descrito en los párrafos precedentes.

5. *El control y/o el diálogo judicial como vías para la reconstrucción de los derechos humanos en democracia*

Se hace presente, en este orden, la cuestión ya trillada y que enuncio al paso, del llamado control judicial y del diálogo jurisprudencial entre jurisdicciones –la internacional o convencional, anclada en los tratados de derechos humanos, con las domésticas o constitucionales y viceversa– sobre la materia. La entendemos, en efecto, como un eslabón apropiado, una sede adecuada para la resolución de los problemas que plantea la relectura actual del concepto de derechos humanos y su necesaria contención ontológica, en espera o ante las expectativas de las categorías constitucionales que habrán de formularse a fin de que encuentren piso cierto y *ex novo* el mismo principio de respeto a la dignidad humana, la renovación de la experiencia democrática, y un régimen apropiado de garantías jurídicas susceptible de darle gobernabilidad a las fuerzas que, con velocidad inusitada, pugnan en los espacios trasnacionales y relativizan al hombre.

No por azar, quien mejor ha estudiado la materia, Carlos Ayala Corao, pone de relieve el significado teleológico del citado control y el diálogo que éste procura, al afirmar que su resultado es "un enriquecimiento mutuo en la construcción de soluciones equivalentes [entre distintas jurisdicciones] acordes a los principios del derecho democrático". Lo que, al paso y como lo señala el autor, permite la forja y hace evidente "una nueva concepción democrática de la soberanía, que podemos denominar una *soberanía de los derechos*, la cual limita al poder de los Estados desde una doble fuente: la constitucional y la internacional, como objeto y propósito de proteger universalmente a la persona humana".[122]

No cabe duda, pues, que los derechos humanos a la democracia y a la paz en forja reciente –a la luz de fuentes mediatas– son, en sus contenidos, expresiones éticas o de base sobre las que se han de reconocer el conjunto de los derechos fundamentales de la persona humana, en sus universalidades, y sobre las que, a su vez, como contextos obligantes y en evolución, cabe apreciar mejor, por el juez de control correspondiente, la mayor o menor gravedad de las violaciones de aquéllos.

Reza bien, por ende, el texto del proyecto de Declaración de la UNESCO (Declaración de Oslo, 1997) sobre el derecho humano a la paz, que:

---

122 Carlos Ayala Corao, *Del diálogo jurisprudencial al control de convencionalidad*, Editorial Jurídica Venezolana, Caracas, pp. 7 y 18.

"La cultura de paz supone el reconocimiento, el respeto y la práctica cotidiana de un conjunto de valores éticos e ideales democráticos fundados en la solidaridad intelectual y moral de la Humanidad".[123]

a) *Control de convencionalidad y diálogo jurispru-dencial sobre la democracia*

Dicho lo anterior, no es del caso abordar a profundidad los aspectos conceptuales del llamado control judicial de convencionalidad en materia de derechos humanos, salvo para decir, en unos pocos párrafos, que es, en síntesis, la concreción de la obligación de respeto y garantía de los derechos humanos que asumen los Estados partes de todo tratado internacional que los reconozca, como la Convención Americana de Derechos Humanos, que usaré como guía orientadora para la exposición que sigue.

La Convención, una vez integrada al bloque de la cons-titucionalidad por sus Estados partes[124], es un estatuto que rige las obligaciones de éstos en el campo de los derechos humanos de las personas sujetas a su jurisdicción. Su vio-lación, por ende, de no producirse el debido y oportuno restablecimiento del orden convencional vulnerado, ni otorgarse, cuando proceden, las reparaciones a las víctimas por comportamiento imputables a los Estados, éstos com-prometen su responsabilidad internacional por hechos in-ternacionalmente ilícitos, conforme al artículo 63,1 en con-cordancia con los artículos 1 y 2 *ejusdem* que fijan –los últimos– las obligaciones de respeto y de garantía de los derechos humanos reconocidos.

---

123 Aguiar, *Perfiles éticos…*, *op. cit.*, p. 111.
124 Ayala, *op. cit.*, 90.

La Corte Interamericana es consciente, por lo dicho, que todos a uno, los Estados partes de la Convención quedan atados en el ejercicio de sus competencias dispuestas por el Derecho interno al cumplimiento de las obligaciones que la misma establece y al efecto hace "primar un control de convencionalidad, que es función y tarea de cualquier autoridad pública y no solo del Poder Judicial" (Corte IDH, *Caso Gelman*, sentencia de 24 de febrero de 2011, párr. 239).

De modo que, las obligaciones internacionales de los Estados en materia de derechos humanos han de entenderse en su fuerza prescriptiva o normativa y no como programas o aspiraciones. Por lo mismo, receptadas como sean tales obligaciones dentro del ordenamiento jurídico interno, quien ejerce el control de constitucionalidad –declara la conformidad de las normas y acaso las adecua en su interpretación o las expulsa por inconstitucionales– ha de cumplimentar a la vez o a renglón seguido el debido control de convencionalidad (Corte IDH, *Caso Boyce y otros vs. Barbados*, Sentencia de 20 de noviembre de 2007, párrs. 77 y 78). "Es necesario, que las interpretaciones constitucionales y legislativas… se adecúen a los principios establecidos en la jurisprudencia de este Tribunal", sostiene la misma Corte Interamericana de un modo preciso (Corte IDH, *Caso Radilla Pachecho vs. México*, Sentencia de 23 de noviembre de 2009, párrs. 114 y 115).

Ayala Corao, innovando, analiza dicha cuestión del control de convencionalidad desde la perspectiva de su fruto, es decir, del diálogo jurisprudencial que, como experiencia, es el relevante para el propósito que interesa y es susceptible de provocar la relación de la jurisdicción interamericana con los jueces nacionales en el campo de los derechos humanos y propiciar sus revalorizaciones.

Es conteste, ciertamente, en cuanto a que en la aplicación que hacen los jueces nacionales de las normas de la Convención Americana, ellos las interpretan o adecuan a concretos supuestos de hecho, guiándose por la jurisprudencia de la Corte Interamericana. Lo que implica para cada juez la posibilidad de transitar –lo recuerda Ayala– por el camino de distintas técnicas, como: "la interpretación conforme, la interpretación vinculante, la interpretación orientadora, la norma interpretada, la cosa juzgada internacional, la interpretación vinculante y el bloque de la constitucionalidad".[125] Y agrega, luego de referirse a los fundamentos jurídicos y la naturaleza del control de convencionalidad, y al contenido de los artículos 1 y 2 de la Convención Americana, que:

> "El control de convencionalidad consiste entonces en una obligación que corresponde a todos los órganos del poder público del Estado, tanto a nivel nacional como en sus niveles inferiores de distribución político territorial (estados, provincias, regiones, municipios u otros), con independencia de la responsabilidad internacional del Estado nacional", según el tenor del artículo 28 ejusdem. Y "de allí que todos los actos y actividades del Estado estén sometidos a este control, comenzando con la propia Constitución y las leyes, los actos administrativos, las sentencias y en general, todos los demás actos estatales".[126]

Pero esa tarea del control de convencionalidad no se detiene, según el acertado criterio del autor, en las paredes de la oficina de cada juez o que, acaso, pueda ser de interés para fines jurídicos comparatistas. El diálogo entre juris-

---

125 Ayala, *op. cit.*, p. 114.
126 *Ídem*, p. 119.

dicciones que se suscita, como "control de la arbitrariedad judicial", supone una exigente labor consciente y de razonamiento que –al anclar las normas y la doctrina internacionales dentro de los espacios constitucionales domésticos– busca influenciar, en reciprocidad y bidireccionalidad, el accionar de las otras jurisdicciones; ello, con vistas a una progresiva homologación de las distintas jurisprudencias.[127] Y favorecido ese diálogo, en la actualidad, por las facilidades del mundo digital y los reclamos por una mejor calidad en las democracias y la democratización de los espacios globales, al término se espera que ocurra una convergencia progresiva, escalonada, y multidireccional, de ida y de vuelta entre las jurisdicciones varias, que dé lugar a la forja de un derecho común universal, anclado en la ética de la persona humana. Su fundamento, lo precisa Ayala, ha de ser entonces la misma democracia, sus valores, a saber, los que se desprenden de "los atributos esenciales de la dignidad de la persona humana".[128]

Pues bien, cabe precisar en este orden dos situaciones particulares diferentes y a la vez estrechamente vinculadas, susceptibles de realizar el propósito anterior: una es la del control de convencionalidad de la democracia y, la otra, la del control de convencionalidad democrática.

a.1. *Control de convencionalidad de la democracia*

En cuanto al primero, destaca como novedad la aplicación que de los términos de la Carta Democrática Interamericana viene haciendo la Corte Interamericana en virtud de distintos casos sometidos a su conocimiento y a ob-

---

127 *Íbid*, p. 23.
128 *Íb.*, p. 219.

jeto de darle contenido al ordinal d) del artículo 29 de la Convención, a cuyo tenor "Ninguna disposición de la presente Convención puede ser interpretada en el sentido de: ... excluir o limitar el efecto que puedan producir la Declaración Americana de Derechos y Deberes del Hombre y otros actos internacionales –a la sazón la Carta Democrática Interamericana– de la misma naturaleza".

La Declaración de Santiago de Chile, adoptada por la Quinta Reunión de Consulta de Ministros de Relaciones Exteriores de la OEA, en la misma oportunidad en que nace la Comisión Interamericana de Derechos Humanos y tiene como su primer presidente al eximio escritor y ex mandatario venezolano Rómulo Gallegos, define una pauta sustantiva sobre la democracia que debe considerarse doctrina pionera en el hemisferio occidental y ha de ser ponderada por los operadores jurídicos.

La democracia, como sistema o régimen y como derecho que cabe a los gobiernos asegurarlo, se entiende, tal y como reza la Declaración, como sujeción a la ley mediante la independencia de los poderes y la fiscalización de los actos del gobierno por órganos jurisdiccionales del Estado; surgimiento de los gobiernos mediante elecciones libres; incompatibilidad con el ejercicio de la democracia o el ejercicio del poder sin plazo determinado o con manifiesto propósito de perpetuación; deber de los gobiernos de sostener un régimen de libertad individual y justicia social fundado en el respeto a los derechos humanos; protección judicial eficaz de los derechos humanos; contrariedad con el orden democrático de la proscripción política y sistemática; ejercicio de la libertad de prensa, información y expresión en tanto que condición esencial para la existencia del mismo sistema democrático; en fin, desarrollo de estructuras económicas que aseguren condiciones justas y humanas de vida para los pueblos.

En tal orden, progresivamente se forja en las Américas un verdadero modelo jurídico de seguridad colectiva de la democracia –primero de orden jurisdiccional y en adición de carácter político y diplomático, ajeno a la fuerza o, mejor aún, fundado en la fuerza del Derecho garantista de los derechos de la persona humana– que encuentra sus manifestaciones más actuales en la Convención Americana de Derechos Humanos y en la Carta Democrática Interamericana (2001).

Aquélla, de modo preciso y como se adelantase, supra, señala en su Preámbulo que los derechos humanos valen y tienen entidad más allá de los Estados partes y sus gobiernos y que su respeto y garantía sólo es posible dentro del cuadro de las instituciones democráticas. Y en sus artículos 29.c y 32.2 dispone que los derechos humanos han de interpretarse –para determinar sus núcleos pétreos y posibles límites– a la luz de lo que es inherente a la forma democrática representativa de gobierno y conforme a las justas exigencias del bien común en una democracia.

De acuerdo a sus disposiciones convencionales y mediante el asentimiento soberano de los Estados partes en la Convención, éstos, al efecto, le confían a los órganos convencionales de interpretación y aplicación –la Comisión y la Corte Interamericanas de Derechos Humanos– la competencia de velar, subsidiariamente, por el derecho a la democracia –léase, *in totus*, el derecho a los derechos humanos y sus garantías– una vez como es vulnerado por los propios órganos de los Estados o cuando éstos se muestran incapaces de proveer a su adecuada tutela, declarándolos al efecto internacionalmente responsables por hechos internacionalmente ilícitos.

La Carta Democrática Interamericana, por su parte, adoptada como resolución y mediante consenso por los

Estados miembros de la OEA, preterida por los gobiernos quienes ahora la incumplen o la desconocen, pero que la usan para sancionar a sus "enemigos ideológicos", es la obra de una larga maduración sobre los predicados de la misma democracia según el entendimiento que de ella tienen la doctrina política y judicial regional más autorizadas. Se trata, como lo precisan las reglas del Derecho y la jurisprudencia internacionales constantes[129], de un instrumento jurídicamente vinculante por ser interpretación auténtica sea de la Carta de la misma OEA o Pacto de Bogotá, sea de la citada Convención Americana.

La Carta Democrática, no muy distante del ideal democrático que prende durante la empresa constitucional pionera y de emancipación americanas, mirándose en su precedente –la citada Declaración de Santiago– discierne entre la democracia de origen, atada a elementos esenciales, y la democracia de ejercicio, que predica la efectividad de su ejercicio y como derecho humano de las personas y los pueblos. Por lo demás, encomienda a los órganos políticos de la OEA: su Asamblea General, el Consejo Permanente, y/o el Secretario General, el despliegue de acciones de intensidad diversa y creciente –dentro de las que predominan las gestiones diplomáticas y los buenos oficios– hasta alcanzar sea el fortalecimiento y preservación de la democracia, sea su normalización institucional, o bien su restablecimiento en los Estados donde se haya visto vulnerada.

Es un dato de la realidad que, a lo largo de la última década del siglo pasado y las casi dos décadas del corrien-

---

129 Véase, Asdrúbal Aguiar, *Digesto de la democracia* (Jurisprudencia de la Corte Interamericana de Derechos Humanos 1987-2014), Editorial Jurídica Venezolana, Caracas, 2014.

te, la democracia vive otra crisis profunda como lo he mencionado, pero esta vez, según algunos, dentro de la misma democracia y, según otros, fuera de ella, manipulando sus formas o vaciándolas de contenido.

No por azar, el ex presidente de la Corte Interamericana de Derechos Humanos y reconocido jurista mexicano, Sergio García Ramírez, en sus aportes postreros a la doctrina del Alto Tribunal de las Américas, previene sobre lo que observa preocupado y a la espera de que lleguen a consolidarse pronto los paradigmas constitucionales y democráticos del porvenir. Habla sobre las nuevas formas de autoritarismo presentes en la región y al efecto dice que "para favorecer sus excesos, las tiranías clásicas que abrumaron a muchos países de nuestro hemisferio invocaron motivos de seguridad nacional, soberanía, paz pública. Con ese razonamiento escribieron su capítulo en la historia... Otras formas de autoritarismo, más de esta hora, invocan la seguridad pública, la lucha contra la delincuencia (o la pobreza, cabe añadirlo), para imponer restricciones a los derechos y justificar el menoscabo de la libertad. Con un discurso sesgado, atribuyen la inseguridad a las garantías constitucionales y, en suma, al propio Estado de Derecho, a la democracia y a la libertad" (Corte IDH, *Caso Escher y otros*, Sentencia de 6 de julio de 2009, Voto, párr.13), concluye.

Pues bien, a partir de 2008 hasta el presente, en ejercicio de su control de convencionalidad y atendiendo a la democracia y sus instituciones, en casos emblemáticos –Corte IDH, *Anzualdo Castro* (Sentencia de 22 de septiembre de 2009), *Manuel Cepeda Vargas* (Sentencia de 26 de mayo de 2010), y *Gelman* (Sentencia de 24 de febrero de 2011)– el criterio de los jueces se expresa alrededor de los derechos propios al juego democrático, citando al efecto que ante los derechos políticos, la libertad de expresión y el derecho de asociación, se "hace necesario analizarlos en su conjunto"; acerca del límite de las mayorías en la democracia arguye lo esencial, a saber que "la protección de los derechos humanos constituye un límite infranqueable a la regla de las mayorías, es decir, a la esfera de lo «susceptible de ser decidido» por parte de las mayorías en instancias democráticas"; sobre las nuevas formas de autoritarismo y el sobreviniente "derecho penal del enemigo", a lo ya dicho supra por el juez García Ramírez, añade que el último –de espaldas a la democracia– se viene construyendo "para sancionar, con disposiciones especiales, a los adversarios"; y analizando el rol de la oposición democrática, precisa la Corte que sin ella "no es posible el logro de acuerdos que atiendan a las diferentes visiones que prevalecen en una sociedad" libre y por ende "debe ser garantizada por los Estados".

El principio democrático de la división de poderes, en lo particular el de la independencia de la judicatura, son abordados por la Corte a partir de 1997 a fin de situarles, al primero, como característica del Estado democrático, y al segundo, como uno de los objetivos de la referida separación o especialización en las funciones del Estado y como garantía que beneficia a la persona humana y sus derechos. Seguidamente, ajusta lo esencial en cuanto al último, a saber, que "el ejercicio autónomo [de los jueces, como parte del derecho al debido proceso] debe ser garantizado por el Estado, sea en su faceta institucional, esto es, en relación con el Poder Judicial como sistema, sea en conexión con su vertiente individual, cabe decir, con relación a la persona del juez", como lo prescribe en el *Caso Reverón Trujillo* (Corte IDH, Sentencia de 30 de junio de 2009, párr. 67).

Empero, nos interesa subrayar, más allá de lo indicado, que en paralelo a la conducta omisiva de los órganos políticos de la OEA y la prosternación que los Estados partes de la Convención han hecho de la Carta Democrática Interamericana –declarándola incluso ineficaz o acaso inútil por ausencia de voluntad política– lo cierto es que, en sede jurisdiccional, a partir de los recientes *Casos de la Corte Suprema de Justicia y del Tribunal Constitucional* (Corte IDH, Sentencias de 23 de agosto de 2013 y 28 de agosto de 2013, respectivamente), avanza la Corte a profundidad sobre la cuestión democrática y su control de convencionalidad.

Señala textualmente, ante "el cese masivo de jueces, particularmente de Altas Cortes", que ello "constituye no solo "un atentado contra la independencia judicial sino también contra el orden democrático", provocando su "desestabilización"; a cuyo efecto, de modo innovador le da carácter operativo y vinculante a la Carta Democrática Interamericana. Entiende, por lo mismo, que ha lugar a una "violación multi-frontal" de la Convención Americana, sea a las normas que consagran derechos, sea al contexto democrático que las encierra, tal y como lo precisa el voto concurrente del juez Eduardo Ferrer Mc-Gregor P.

La enseñanza no se hace esperar. Al tratarse sobre el control de convencionalidad que ejercen los jueces nacionales, parece llegada la hora de que los mismos, al balancear la aplicación de sus leyes y hacer valer los contenidos de la Convención Americana, por virtud de la misma y en los supuestos en que proceda, tienen la obligación de invocar e interpretar bajo progresividad las normas de la Carta Democrática por fundada en el emergentes derecho humano a la democracia, de proveer a su desarrollo doctrinario por vía del mismo diálogo jurisprudencial, y de constatar su eventual violación por los demás órganos del Estado sobre cuyos actos o comportamientos se pronuncien. Es lo que cabe llamar, apropiadamente, como control de convencionalidad de la democracia.

No por azar, el citado juez afirma, en el *Caso de Cabrera García y Montiel Flores* (Corte IDH, Sentencia de 26 de noviembre de 2010, párr. 88), que: "En definitiva, la trascendencia de la nueva doctrina sobre el "control difuso de convencionalidad" es de tal magnitud, que probablemente en ella descanse el futuro del Sistema Interamericano de Protección de los Derechos Humanos y, a su vez, contribuirá al desarrollo constitucional y democrático de los Estados nacionales de la región. La construcción de un auténtico "diálogo jurisprudencial" –entre los jueces nacionales y los interamericanos–, seguramente se convertirá en el nuevo referente jurisdiccional para la efectividad de los derechos humanos en el siglo XXI. Ahí descansa el porvenir: en un punto de convergencia en materia de derechos humanos para establecer un auténtico *ius constitutionale commune* en las Américas".

a.2. *Control democrático de convencionalidad*

En el mismo sentido y como reverso, sin incurrir en una perogrullada, adquiere pertinencia institucional el control democrático de convencionalidad, sea por la Corte, sea por los jueces nacionales, como una suerte de mandato que se deriva de la misma Convención y, aquí sí, en forma directa.

La cuestión la plantea, por vez primera, el Juez De Rouaix Rengifo, en 1999, dentro del *Caso Castillo Petruzzi* (Corte IDH, Sentencia de 30 de mayo de 1999, Voto), al destacar que "el tema de la vinculación de la protección de los derechos humanos a un contexto político e institucional democrático tendría... que ser objeto de desarrollo jurisprudencial antes de que pudieran emitirse condenas específicas de violación de la Convención Americana".

Para ello se funda en las citadas previsiones convencionales que atan a toda la Convención desde su Preámbulo, fijan el marco para su interpretación, y marcan el contenido y límite de los derechos humanos reconocidos y mudados en deberes, remitiendo a las justas exigencias del Bien Común en una democracia.

A partir de allí, tema que apenas señalo de pasadas en estas páginas, he afirmado el carácter transversal del derecho humano a la democracia –identificado por la doctrina como parte de los que integran las nuevas generaciones de derechos– e integrador del plexo de todos los derechos que los Estados se obligan a respetar y garantizar convencionalmente a fin de asegurar el principio de la dignidad humana.

Textualmente, tanto en mi discurso de ingreso a la Academia de Buenos Aires en 2007[130] como en mi libro citado a pie de página sobre *El derecho a la democracia* (2008), afirmo que "la democracia, desde su dimensión normativa internacional tamiza – como hermenéutica – las competencias constitucionales y organizativas de los Estados y de sus gobiernos. Empero, más allá de expresarse como modelo formal del gobierno representativo, según la Carta Democrática Interamericana y las líneas jurisprudenciales de la Corte Interamericana, es ahora y en lo adelante, conceptualmente, un verdadero derecho humano transversal: derecho humano de base que determina el contexto en defecto del cual los mismos derechos humanos carecen de sentido o lo pierden; y ajusta determinándolo, por ende, el

---

130 Asdrúbal Aguiar, *El derecho a la democracia en la jurisprudencia interamericana*. Buenos Aires, Academia Nacional de Derecho y Ciencias Sociales de Buenos Aires, La Ley, 2007 (Luego inserto en los Anales, Año LI, Segunda Época, Número 44, 2006).

sentido último de la organización constitucional y del funcionamiento mismo de la democracia como garantías de éstos".

Este asunto o cuestión que hoy interpela, a modo de conclusión, no es sólo el deber que invoca De Rouaix por parte de quienes tienen la obligación de realizar el control de convencionalidad, sea en el ámbito interamericano, sea en el doméstico, sino la significación que tiene dicho ejercicio de constatación fáctica y hermenéutica por sus consecuencias directas, según lo dicho, tanto para el desarrollo de una doctrina más actual sobre la cuestión de la tríada Democracia/Estado de Derecho/ Derechos Humanos, como en el ámbito específico de la responsabilidad de los Estados y la comunidad internacional en su conjunto al respecto.

Como lo sabemos, el artículo 63 de la Convención dispone que: "Cuando decida que hubo violación de un derecho o libertad protegidos en esta Convención, la Corte –léase también el juez nacional– dispondrá que se garantice al lesionado en el goce de su derecho o libertad conculcados". Ello en la práctica demanda no sólo la restitución formal del derecho enervado por parte del Estado concernido, sino, a la luz de la reflexión anterior, la creación por éste y como exigencia de la comunidad internacional del contexto democrático e institucional apropiado que haga posible tal restitución por ser el reflejo de la dignidad humana vulnerada.

Además, como la norma convencional mencionada, de seguidas prevé que ha de disponerse "asimismo, si ello fuera procedente, que se reparen las consecuencias de la medida o situación que ha configurado la vulneración de esos derechos y el pago de una justa indemnización a la parte lesionada", viene de suyo que tales consecuencias e indemnizaciones pueden agravarse si las violaciones constatadas son la obra de comportamientos antidemocráticos, entre otros, a manera de ejemplo, de violaciones sistemáticas o generalizadas de derechos humanos como política de Estado.

Concluyo este apartado, entonces, haciendo presente una consideración de Whitehead que comparto a cabalidad y sirve para el ejercicio del control judicial en materia de derechos humanos:

> "La democratización debe entenderse como un proceso de final abierto. La democracia es «esencialmente discutible» no sólo porque nuestros valores puedan diferir, o porque nuestros conceptos políticos puedan carecer de validación lógica o empírica final, sino también porque nuestra cognición política es en sí misma crítica y reflexiva".[131]

García Ramírez nos recuerda, por lo mismo, que "conviene redefinir el quehacer de los Estados en esta hora, que es tiempo de tensiones; redefinir para progresar, no para regresar. Cabría reflexionar sobre su estrategia en el proceso, si se conviene en que el gran propósito del Estado democrático es la protección de los derechos humanos" (Corte IDH, Opinión Consultiva OC-20/2009, Voto, párr. 74), finaliza.

b) *La teoría de la coherencia funcional*

Si damos cuenta de la actual estructura funcional del sistema internacional en el ámbito de los derechos humanos, la Convención Americana –de la misma forma en que se lo plantea el Estatuto de Roma de la Corte Penal Internacional– plantea el criterio de la subsidiariedad de la ju-

---

131 Whitehead, *op. cit.*, p. 35.

risdicción internacional de derechos humanos con relación a los ordenamientos nacionales; de donde la retroalimentación en doble vía que sugiere el diálogo jurisprudencial entre jurisdicciones tiene un límite, a saber, el adecuado cumplimiento o no por el Estado parte de sus obligaciones convencionales y su valoración a la luz del principio *pro homine et libertatis*.

Cabe observar, a todo evento, que al afirmarse la primacía de los tratados de derechos humanos o al hablarse, mejor aún, de "la intersección del derecho nacional y el derecho internacional de los derechos humanos" y de "una articulación de tal binomio de fuentes mediante su retroalimentación y complementariedad", una lectura apresurada de esos términos, así como los refiere Víctor Bazán[132], podría sugerir equivocadamente una suerte de resurrección, para los fines del diálogo jurisprudencial en cuestión, de las viejas tesis dualistas que demandan la coordinación o concertación entre ambas esferas del Derecho a objeto de hacerlas eficaces y haciendo privar a todo evento la actividad jurídica nacional, como punto de anclaje y de devolución del Derecho internacional.

Y si nos seguimos por lo que también plantea la Corte Interamericana al referirse al diálogo jurisprudencial, en cuanto al deber por parte del juez nacional de realizar los términos de la Convención a la luz del citado "corpus iuris" y de las interpretaciones auténticas que hace la primera –como lo confirma ella en el *Caso Almonacid Arellano* (Corte IDH, Sentencia de 26 de septiembre de 2006, párr. 124)– puede reducirse el planteamiento a la mera reafirma-

---

132 Víctor Bazán y Claudio Nash (Editores), *Justicia constitucional y derechos fundamentales: El control de convencionalidad*, KAS/Universidad de Chile, Santiago de Chile, 2011, p. 19.

ción de la tesis monista con primacía del Derecho internacional sobre el Derecho interno de los Estados[133]; lo que también desfigura el sentido funcional y teleológico del citado diálogo jurisprudencial, con vistas a lo esencial: ganar la batalla de los derechos humanos –como lo plantea García Ramírez– "en el ámbito interno, del que es coadyuvante o complemento, no sustituto, el internacional".[134]

Incluso, podría pensarse, a la luz del señalado diálogo y el planteamiento anterior de la complementariedad del sistema interamericano, que asimismo –su postulación genérica– puede entenderse como la postergación de la fuerza del monismo con primacía del Derecho internacional, esbozado por Hans Kelsen para dar cuenta del orden público internacional mínimo que ata las competencias de los Estados y les exige, junto a otros deberes u obligaciones de *ius cogens*, el respeto y la garantía universal de los derechos de la persona humana en el plano de su jurisdicción interna; lo que le resta sentido o utilidad al diálogo jurisprudencial comentado.

No se olvide que la Cámara de Primera Instancia del Tribunal Penal Internacional para la ex Yugoslavia, en decisión de 2 de octubre de 1995, en el Affaire Tadic declara que: *"Ce serait une parodie du droit et une trahison du besoin universel de justice que le concept de souverai-*

---

133 "El poder judicial debe ejercer una especie de control de convencionalidad entre las normas jurídicas internas que aplican en los casos concretos y la Convención Americana sobre Derechos Humanos. En esta tarea, el Poder Judicial debe tener en cuenta no solamente el tratado, sino también la interpretación que del mismo ha hecho la Corte Interamericana, intérprete última de la Convención Americana", reza el fallo citado.

134 Corte IDH, *Caso Trabajadores cesados del Congreso*, Sentencia de 24 de noviembre de 2006, Voto, párr. 11.

neté de l'Etat puisse être soulevé avec succès à l'encontre des droits de l'homme [par. 58]".[135]

En consecuencia, cabe tener muy presente que la tesis dualista supuso, en su momento, la ausencia de posibles conflictos entre el Derecho internacional y el Derecho interno, en razón de tener ambos ordenamientos objetos distintos, y dado que, una vez transformada la norma internacional en interna la misma se integra jerárquica y ordenadamente dentro de la pirámide normativa nacional. Por consiguiente, las normas internas no pueden ser para las normas internacionales otra cosa que simples hechos y viceversa.

La evolución de la comunidad internacional actual marca, antes bien, una tendencia irrefrenable hacia el solapamiento de ambas realidades: la interna y la internacional, confundiéndose sus espacios, sin perjuicio del criterio –todavía en vigor, pero relativo– que predica el carácter meramente fáctico acusado por el Derecho interno en su evaluación desde el ángulo del Derecho internacional (*Caso de los Intereses alemanes en la Alta Silesia-Polonesa*, CPJI,1926).

La Corte Interamericana de Derechos Humanos ha dicho, es verdad, que las circunstancias del Derecho interno representan para el Derecho internacional de los Derechos Humanos meros hechos o supuestos fácticos, sujetos a su ponderación o significación jurídica por la norma internacional correspondiente (Corte IDH, *Opinión Consultiva OC-13*, párr. 34). En extremos opuestos, ora reenvía no pocas veces al propio Derecho interno del Estado para alcanzar la efectividad de sus mandatos judiciales interame-

---

135 Aguiar, *Código de derecho...*, *op. cit.*, p. 382.

ricanos (Corte IDH, *Caso El Caracazo*, Reparaciones, Sentencia de 29 de agosto de 2002, Párr. 143,1), ora, excepcionalmente, se ha atrevido a pronunciarse sobre la nulidad de actos del Derecho interno (Corte IDH, *Caso Castillo Petruzzi*, Sentencia de 30 de mayo de 1999, párr. 226,13).

El monismo, por su lado, sostiene la imposibilidad de tal controversia intra-normativa al suponer la ya mencionada unidad de todo el sistema jurídico: interno e internacional y la fácil resolución de sus eventuales disparidades por medio de la jerarquización de las normas en orden a sus mayores o menores proximidades a la norma fundamental, hipotética o de base. De allí que, en su versión monista, con primacía del Derecho internacional, al Derecho internacional se le considera haciendo parte, sin más, del Derecho interno del Estado.

La realidad constitucional comparada demuestra, a su vez, que si bien la tendencia doctrinal y la práctica contemporánea dominantes son contestes y predican el indicado principio de primacía del Derecho internacional, no por ello los Estados han dejado de condicionar la efectividad de sus relaciones jurídicas dentro de la comunidad internacional a ciertas exigencias que han impuesto, en suma, una relación "funcional" y coherente (principio de la coherencia funcional) entre ambos ordenamientos, dando lugar a distintas soluciones o alternativas.

No se olvide, en este orden, lo que *mutatis mutandi* precisa Nguyen Quoc Dinh en su obra revisada (*Droit international public*, Paris, LGDJ, 1999): La primacía del Derecho internacional sobre el Derecho interno, salvo excepciones (propias del Derecho comunitario y próximas al Derecho internacional de los derechos humanos en su progresividad) no ha llegado hasta el punto en que el primero pueda declarar la nulidad de las normas nacionales de los Estados que le contradigan: sólo se contenta, por ahora, con reclamar del Estado cuyo ordenamiento interno no haya sido objeto de adaptación al Derecho internacional o cuando sus órganos no aplican o desaplican la normativa internacional que les obliga, su responsabilidad por hecho internacionalmente ilícito; exigiéndole, en consecuencia, reparar los daños causados por la acción u omisión que le sea imputable desde el punto de vista internacional.

Por consiguiente, cuando el Estado aplica dentro de su jurisdicción su propio Derecho en defecto y en contraposición del Derecho internacional, quizás y según lo que disponga su Constitución procede legalmente a la luz de la perspectiva jurídica interna, en tanto que, desde la perspectiva internacional no procedería ilegalmente sino ilícitamente; dado que la normatividad interna, según lo apuntado, tiene para el Derecho internacional la condición de simple hecho y sólo eso.

La enseñanza, en conclusión, otra vez no se hace esperar.

Así como la tesis dualista y monista fueron el producto necesario de la conciliación histórica y propias a su tiempo, e igualmente, tanto como la tesis pragmática o ecléctica advierte la necesidad de promover la primacía del Derecho internacional asegurándole a los Estados un espacio de maniobra y reclamando de éstos, en contraprestación, coherencia en la actividad jurídica y en sus comportamientos, no parece exagerado postular la insuficiencia de tales tesis para la adecuada comprensión de la realidad internacional hoy en curso (*Globalización sin gobernabilidad vs. ingobernabilidad y crisis del Estado-Nación*) y para la fidelidad de las descripciones normativas que le tengan por objeto.

De allí que, dejando atrás el clásico debate sobre las relaciones entre el Derecho internacional y el Derecho interno de los Estados, en mi *Código de Derecho Internacional*

(2009) propongo, siguiendo la inspiración del internacionalista hispano González Campos – relativa a la denominada coherencia extrínseca "entre el mismo orden internacional y los distintos derechos internos de los Estados"[136] – y como interpretación y actualización de las relaciones entre ambos ordenamientos en el ámbito de los derechos humanos, un planteamiento que mejor se adecúa a los dictados de la Convención Americana.

El preámbulo de ésta precisa que es su propósito "consolidar... dentro del cuadro de las instituciones democráticas, un régimen de libertad personal y de justicia social, fundado en el respeto de los derechos esenciales del hombre". Y su artículo 29, en sus ordinales b) y c) prescribe una expansión de tales derechos, en doble vía, en el plano internacional, acudiendo al principio de los llamados "derechos inherentes al ser humano o que se deriven de la forma democrática representativa de gobierno", y en el plano del Derecho interno –con fuerza convencional– "cualquier derecho o libertad que pueda estar reconocido de acuerdo con las leyes" u otros tratados de los que es parte el Estado concernido.

Más allá del Estado y de su acusado avance hacia una "desestructuración" y sean cuales fueren las falencias de la emergente tendencia hacia lo mundial, lo constante, ahora como antes, sigue siendo la presencia del hombre como fin y sujeto del orden, el reclamo del respeto a su dignidad como tal, y la diversificación racional de las formas sociales subsidiarias que este crea y recrea, como Ser uno y único, para su encuentro con los otros en el ámbito de las carencias y su fusión final en la idea de la Humanidad.

---

136 *Ídem*, p. 144.

Traducido o descrito este paradigma en términos normativos, significa no otra cosa que la cristalización del principio ordenador *pro homine et libertatis* ya mencionado. De modo que, sometidas a tensión las relaciones entre el Derecho internacional y el Derecho del Estado a un proceso de reconstrucción por obra del tiempo nuevo, la coherencia funcional como principio habría de significar, cuando menos y en un primer trazado, el reconocimiento de ciertos datos objetivos:

1) La norma internacional nace de un acto concursal de voluntades soberanas, tanto como la norma nacional deriva de un acto de soberanía; de donde, siendo el Estado autor y descriptor de ambos repartos de conducta, su comportamiento ha de ser congruente en una y otra esfera de la actividad normativa.

2) La insuficiencia institucional del orden internacional contemporáneo impone su desdoblamiento funcional a manos del Estado, vale decir, el reenvío necesario de las normas de aquel hacia las normas del Derecho interno para que las primeras puedan realizarse cabalmente.

3) Dado el papel funcional y estratégico del orden del Estado para los fines internacionales, el orden internacional ha de operar con relación al mismo según el criterio de la subsidiariedad, y cuando se le sobrepone por razones atinentes al orden público internacional debe preservarlo de los riesgos de vaciamiento.

4) La validez e imperio del orden público internacional reclama de su delimitación estricta y de su realización por el Estado conforme a los medios de que éste dispone.

5) El Estado, en su labor exegética y operacional para la integración, relación, coordinación o sincronía entre las normas internacionales e internas ha de guiarse por la regla de la buena fe (*pacta sunt servanda*), mediante un

traslado de conceptos desde el orden internacional hacia el orden interno en el que medie la sana crítica y con vistas al objeto de las normas relacionadas.

6) En todo caso, ante situaciones de duda provocadas por la relación necesaria entre las normas internacionales y los predicados del Derecho interno, como de la eventual oposición –tratándose de la protección y garantía supranacional de los derechos humanos– entre derechos que merecen igual tuición, de manera razonada el juez nacional ha de apelar al método del *balancing test*: optando por la solución que menos afecte el núcleo pétreo de ambos derechos en oposición aparente, en hipótesis concretas, atendiendo a la justas exigencias del Bien Común en una sociedad democrática, y con vistas, por encima de todo, al principio fundacional *pro homine et libertatis.*

CONSIDERACIÓN FINAL

Concluyo la presente relectura con una cita del mismo Habermas, pues vuelve al meollo de lo que me preocupa, a saber, la definición de los límites posibles del pluralismo en la democracia a objeto de que ella no pierda la coherencia que la sostiene como sistema y como derecho humano totalizante –su unidad política básica, no solo territorial y en cuestión actual– ni se traduzca en un deslave de derechos humanos que los trivialice y separe de la visión universal que los ata al principio ordenador de la dignidad humana, afectando a la propia democracia y el sentido del Estado constitucional de Derecho.

Dice el filósofo que el "pluralismo es medida de todo lo humano" por basarse en presupuestos antropológicos –lo que incluye la diversidad étnica, cultural, religiosa y de género, así como el pluralismo ideológico, tal y como reza, a título de ejemplo, la Ley chilena 19.131 del 8 de abril de

1992[137]– y de allí que, contra las estrategias "antipluralistas" será la Constitución pluralista la que se ponga en guardia y contrarreste sus efectos nocivos para la libertad, con criterio progresivo como se ha hecho frente al marxismo, salvo en su aceptación como "mera filosofía o doctrina jurídico-política". Pero él mismo, también admite que "el pluralismo presupone ciertamente que también existen límites en la tolerancia".[138]

Y como el tema, por crucial y actual, se mantiene bajo observación de la doctrina y de allí la razón de la relectura precedente, por lo pronto avanzo, más allá de lo que he señalado como el límite de los límites o el ancla de la democracia, es decir, la dignidad y naturaleza de la persona humana, el criterio muy pertinente de Espada Ramos:

"En sociedad multiculturales que pretender fortalecerse como Estados democráticos, se ha de partir del pluralismo cultural (reconocimiento positivo de la diferencia), progresar en el reconocimiento de ese pluralismo social con el compromiso de políticas públicas y de convivencia cívica y consecuentemente producir como consecuencia sustancial un pluralismo jurídico bajo un techo unificador que sería la Constitución. Ese techo constitucional posibilitaría a un Estado democrático de Derecho la vigencia del derecho común como realidad normativa de la generalidad de la ley, aunque al mismo tiempo sería una generalidad matizada por las circunstancias específicas y diferenciadoras de individuos y grupos que exigirían, además del reconocimiento de

---

137 HRW, *Los límites de la tolerancia*. La libertad de expresión y debate público en Chile, Colección Nuevo Periodismo, Santiago de Chile, 1998, p. 249.

138 Peter Häberle, *Pluralismo y constitución*, Tecnos, Madrid, 2013.

los derechos fundamentales de toda persona, derechos específicos derivados de la diversidad y la diferencia". [139]

Claro es, entonces, que una cosa serían los derechos fundamentales de toda persona, como techo común conceptual y articulador de la unidad social y política democrática, fundado en el principio de la dignidad humana, y otros los derechos subjetivos derivados de la diversidad y la diferencia, cuya tamización habría de encontrarse justamente en los primeros como límite de los límites en toda experiencia constitucional de la libertad. Pero dicho esto, no pasa de ser una hipótesis, la mía, pues las preguntas siguen en pie, son las mismas que motivan esta relectura y aún se encuentran bajo debate. Zapata-Barrero, en su obra citada supra, las resume así, mirando el siglo corriente y sus desafíos en evolución: ¿Cómo reconciliar varias culturas, con diferentes tradiciones e historias diferentes, en una misma base política democrática? ¿es posible reconciliar varias culturas dentro de una idea universal de justicia? ¿es posible una política neutra, tolerante, desde un punto de vista cultural?[140]

139 María Luisa Espada Ramos, "Integración de las nuevas minorías económicas y poliétnicas", en la obra colectiva de Alejandro Rodríguez Carrión y Elisa Pérez Vera (Coordinadores), *Soberanía del Estado y derecho internacional, Homenaje al profesor Juan Antonio Carrillo Salcedo*, Tomo I, Sevilla, 2005, pp. 511 y ss.

140 Zapata-Barrero, *op. cit.*, p. 4.

BIBLIOGRAFÍA

Víctor Abramovich y Christian Courtis, *Los derechos sociales como derechos exigibles*, Trotta, Madrid, 2002.

Asdrúbal Aguiar, *La protección internacional de los derechos del hombre*, Academia de Ciencias Políticas y Sociales, Caracas, 1987.

Asdrúbal Aguiar, *Derechos humanos y responsabilidad internacional del Estado*, Monte Ávila Editores Latinoamericana/UCAB, Caracas, 1997.

Asdrúbal Aguiar, "Perfiles éticos y normativos del derecho humano a la paz", Boutros *Boutros-Galli: Amicorum Discipulorumque Liber/Paix, développement, démocratie*, II, Bruylant, Bruxelles, 1998, pp. 847 ss.

Asdrúbal Aguiar, "La humanización del derecho internacional contemporáneo", *Les droits de l'homme à l'aube du XXIe siècle: Karel Vasak Amicorum Liber*, Bruylant, Bruxelles, 1999, pp. 457 ss.

Asdrúbal Aguiar, *Cultura de paz y derechos humanos*, UNESCO/UCAB, Caracas, 2000.

Asdrúbal Aguiar, "Derechos humanos" (voz), en *Gran Enciclopedia de Venezuela* (tomo 11), Globe, Caracas, 2001.

Asdrúbal Aguiar, *El derecho a la democracia* (La democracia en el derecho y la jurisprudencia interamericanos.

La libertad de expresión, piedra angular de la democracia). Editorial Jurídica Venezolana, Caracas, 2008.

Asdrúbal Aguiar, *La libertad de expresión y prensa: Jurisprudencia interamericana* (1987-2009), Sociedad Interamericana de Prensa, Miami, 2009.

Asdrúbal Aguiar, *Código de derecho internacional* (2ª. Edición), UCAB, Caracas, 2009.

Asdrúbal Aguiar, *Los derechos humanos en la Convención Americana*, UCAB/Funtrapet, Caracas, 2010.

Asdrúbal Aguiar, *Digesto de la democracia: Jurisprudencia de la Corte Interamericana de Derechos Humanos 1987-2014*, OID/Editorial Jurídica Venezolana, Buenos Aires-Caracas, 2014.

Asdrúbal Aguiar, La democracia del siglo XXI y el final de los Estados, La Hoja del Norte, Caracas, 2014.

Robert Alexi, *Teoría de los derechos fundamentales*, Centro de Estudios Constitucionales, Madrid, 1993.

Ignacio Ara Pinilla, *Las transformaciones de los derechos humanos*, Tecnos, Madrid, 1994.

Carlos Ayala Corao, *Del amparo constitucional al amparo interamericano como institutos para la protección de derechos humanos*, IIDH/Editorial Jurídica Venezolana, Caracas, 1998.

Jesús Ballesteros (editor), *Derechos humanos: concepto, fundamentos, sujetos*, Tecnos, Madrid, 1992.

Víctor Bazán y Claudio Nash (Editores), *Justicia constitucional y derechos fundamentales: El control de convencionalidad*, KAS/Universidad de Chile, Santiago de Chile, 2011.

Mauricio Benchot, *Los fundamentos de los derechos humanos en Bartolomé de las Casas*, Anthropos, Barcelona, 1994.

Vincent Berger, *Jurisprudence de la Cour Européenne des Droits de l'Homme*, Sirey, Paris, 2000.

Germán J. Bidart Campos, *Teoría general de los derechos humanos*, Astrea, Buenos Aires, 1991.

Ernst Bloch, Derecho natural y dignidad humana, Dykinson, Madrid, 2011.

Norberto Bobbio, *Igualdad y libertad*, Paidós, Barcelona, 1993.

Joaquín Brage Camazano, *Los límites a los derechos fundamentales*, Dykinson, Madrid, 2004.

Allan R. Brewer Carías, Reflexiones sobre la Revolución Americana (1776) y la Revolución Francesa (1789) y sus aportes al constitucionalismo moderno, Editorial Jurídica Venezolana, Caracas, 2002.

Thomas Buerghental y otros, *Manual internacional de derechos humanos*, Editorial Jurídica Venezolana, Caracas, 1990.

Thomas Buerghental, 1995. *International Human Rights*, West Publishing, St. Paul, Minnesota, 1995

Rafael Tomás Caldera, *Visión del hombre: La enseñanza de Juan Pablo II*, Ediciones Centauro, Caracas, 1986 (2ª edición, 2010).

Antonio Augusto Cançado Trindade (Relator), *Seminario El sistema interamericano de protección de derechos humanas en el umbral del siglo XXI* (I-II), Corte IDH, San José de Costa Rica, 2003.

Antonio Cano Mata, *El principio de igualdad en la doctrina del tribunal constitucional*, Revista de Derecho Privado, Madrid, 1983.

Jesús María Casal H., *Dictadura constitucional y libertades públicas*, Editorial Jurídica Venezolana, Caracas, 1993.

Jesús María Casal H., *Los derechos humanos y su protección*, UCAB, Caracas, 2008.

Antonio Cassese, *Los derechos humanos en el mundo contemporáneo*, Ariel, Barcelona, 1991.

Benito de Castro Cid, *El reconocimiento de los derechos humanos*, Tecnos, Madrid, 1982.

CEJIL, *Implementación de las decisiones del Sistema Interamericano de Derechos Humanos*, Centro por la Justicia y el Derecho Internacional, San José de Costa Rica, 2007.

Manuel J. Cepeda, *Los derechos fundamentales en la Constitución de 1991*, Temis, Bogotá, 1997.

Pablo Salvador Coderch, *El derecho de la libertad*, Centro de Estudios Constitucionales, Madrid, 1993.

Francisco Córdova Z, *La Carta de derechos y la jurisprudencia de la Corte Interamericana*, Temis, Bogotá, 1995.

Michele De Salvia, *Lineamienti di diritto europeo dei diritti dell'uomo*, Proxima Scientific Press, Trieste, 1994.

Mikel de Viana et al., *El hombre, reto, dimensiones, trascendencia*, UCAB, Caracas, 1993.

Luis María Diez Picazo, *Sistema de derechos fundamentales*, Thompson/Civitas, Madrid, 2003.

Ronald Dworkin, *Los derechos en serio*, Ariel, Barcelona, 1999.

Héctor Faúndez Ledesma, *Administración de justicia y derecho internacional de los derechos humanos*, UCV, Caracas, 1992.

Héctor Faúndez Ledesma, *El sistema interamericano de protección de los derechos humanos*, IIDH, San José de Costa Rica, 2004.

Christine Fauré, *Las declaraciones de los derechos del hombre de 1789*, FCE, México, 1995.

Luigi Ferrajoli, *Derechos y garantías, la ley del más débil*, Trotta, Madrid, 1999.

Luigi Ferrajoli, 2001. *Los fundamentos de los derechos fundamentales*, Trotta, Madrid, 2001.

Luigi Ferrajoli, *Democracia y garantismo*, Trotta, Madrid, 2008.

Eduardo Ferrer Mac Gregor y Miguel Carbonell, *Compendio de derechos humanos*, Porrúa/CNDH, México, 2007.

Héctor Fix Zamudio, *Justicia constitucional, Ombudsman y derechos humanos*, CNDH, México, 1993.

Héctor Fix Zamudio, *Protección jurídica de los derechos humanos, estudios comparativos*, CNDH, México, 1999.

Eduardo García de Enterría (Coordinación), *El sistema europeo de protección de los derechos humanos*, Civitas, Madrid, 1983.

Eduardo García de Enterría, *Democracia, jueces y control de la Administración*, Civitas, Madrid, 1997.

Sergio García Ramírez (Coordinador), *La jurisprudencia de la Corte Interamericana de Derechos Humanos* (I-II), UNAM, México, 2006.

Alfonso Gómez-Robledo Verduzco, *Derechos humanos en el sistema interamericano*, Porrúa, México, 2000.

Donna Gomien, *Vademecum de la Convention Europeénne des Droits de l'Homme*, Conseil de l'Europe, Strasbourg, 1991.

Héctor Gros Espiell, *Estudios sobre derechos humanos*, IIDH/Editorial Jurídica Venezolana, Caracas, 1985.

Héctor Gros Espiell, *Estudios sobre derechos humanos*, IIDH/Civitas, Madrid, 1985.

Héctor Gros Espiell, *Derechos humanos*, Cultural Cuzco, Lima, 1991.

Claudia Elena Gutiérrez Bedoya, *El derecho al medio ambiente adecuado como derecho humano*, Centro Editorial Universidad del Rosario, Bogotá, 2006.

Juan Carlos Hitters y Oscar Luján Fappiano, *Derecho internacional de los derechos humanos* (I-II). Ediar, Buenos Aires, 2007.

Jorge Iván Hübner Gallo, *Los derechos humanos*, Editorial Jurídica de Chile, Santiago de Chile, 1993.

Instituto de Derechos Humanos (Varios autores), *La declaración universal de derechos humanos en su cincuenta aniversario: Un estudio interdisciplinar*, Universidad de Deusto, Bilbao, 1999.

Javier Jiménez Campo, *Derechos fundamentales: concepto y garantías*, Trotta, Madrid, 1999.

Luis Lachance, *El Derecho y los derechos del hombre*, Rialp, Madrid, 1979.

Jacques Leclerc, *Derechos y deberes del hombre según el derecho natural*, Herder, Barcelona, 1965.

José F. Lorca Navarrete, *Derechos fundamentales y jurisprudencia*, Pirámide, Madrid, 1995.

Dionisio Llamazares, *Derecho de la libertad de conciencia*, I, Cívitas, Madrid, 1997.

Jacques Maritain (Introducción), *Sobre la nueva Declaración Universal de los Derechos del Hombre: Textos reunidos por la UNESCO*, Du Sagitaire, Paris, 1949.

José Vicente Mestre Chust, *Los derechos humanos*, Editorial UOC, Barcelona, 2007.

David Miller y Michael Walzer, *Pluralismo, justicia e igualdad*, FCE, México, 1997.

Marco Gerardo Monroy Cabra, *Derechos humanos*, Temis, Bogotá, 1980.

Rafael Nieto Navia (Editor), *La Corte y el sistema interamericano de derechos humanos*, Corte IDH, San José de Costa Rica, 1994.

Carlos Santiago Nino, *Ética y derechos humanos: Un ensayo de fundamentación*, Astrea, Buenos Aires, 1989.

Carlos Santiago Nino, *Introducción al análisis del Derecho*, Astrea, Buenos Aires, 1998.

Pedro Nikken, *La protección internacional de los derechos humanos: su desarrollo progresivo*, Civitas, Madrid, 1987.

Pedro Nikken, *En defensa de la persona humana*, Editorial Jurídica Venezolana, Caracas, 1988.

Pedro Nikken, *Código de derechos humanos*, Editorial Jurídica Venezolana, Caracas, 1991.

Humberto Nogueira Alcalá, *Teoría y dogmática de los derechos fundamentales*, UNAM, México, 2003.

Daniel O'Donnell, *Protección internacional de los derechos humanos*, Comisión Andina de Juristas, Lima, 1988.

Gerhard Oestreich y Karl Peter Sommermann, *Pasado y presente de los derechos humanos*, Tecnos, Madrid, 1990.

Organización de las Naciones Unidas, *Las Naciones Unidas y los derechos humanos, 1945-1995*, Departamento de Información Pública de la ONU, Nueva York, 1995.

Gregorio Peces-Barbas Martínez, *Los derechos fundamentales*, Latina Universitaria, Madrid, 1980.

Gregorio Peces-Barbas Martínez (Director), *Derecho positivo de los derechos humanos*, Editorial Debate, Madrid, 1987.

Gregorio Peces-Barbas Martínez y otros, *Historia de los derechos fundamentales: Siglo XVIII* (Tomo II, Vols. 1-3), Instituto de Derechos Humanos Bartolomé de las Casas/Dikinson s.l., Madrid, 2001.

Antonio Enrique Pérez Luño, *Los derechos fundamentales*, Tecnos, Madrid, 1986.

Antonio Enrique Pérez Luño, *Derechos humanos, Estado de Derecho, y Constitución*, Tecnos, Madrid, 1995.

Antonio Enrique Pérez Luño, *Dimensiones de la igualdad*, Dykinson/Universidad Carlos III, Madrid, 2005.

Louis Edmond Pettiti et al., *La Convention Européenne des Droits de l'Homme*, Economica, Paris, 1995.

Luis Prieto Sanchís, *Estudios sobre derechos fundamentales*, Debate, Madrid, 1990.

Montserrat Pi Llorens, *Los derechos fundamentales en el ordenamiento comunitario*, Ariel, Barcelona, 1999.

Rodolfo Piza Rocafort y Gregorio Trejos, *Derecho internacional de los derechos humanos: La Convención Americana*, Juricentro, San José de Costa Rica, 1989.

Calogero Pizzolo, *Sistema interamericano*, Ediar/UNAM, Buenos Aires, 2007.

Luis Prieto Sanchis, *Estudios sobre derechos fundamentales*, Editorial Debate, Madrid, 1990.

Humberto Quiroga Lavié, *Los derechos humanos y su defensa ante la justicia*, Temis, Bogotá, 1995.

Ernesto Rey Cantor y María Carolina Rodríguez, *Acción de cumplimiento y derechos humanos*, Temis, Bogotá, 1998.

Jean Rivero, *Les libertes publiques* (I-II), PUF, Paris, 1977/1984.

Jacques Robert, *Libertés publiques et drois de l'homme*, Montchrestien, Paris, 1988.

Miguel Rodríguez Piñero y María F. Fernández López, *Igualdad y discriminación*, Tecnos, Madrid, 1986.

Francisco Rubio Llorente, *Derechos fundamentales y principios constitucionales*, Ariel, Barcelona, 1995.

Ramón Soriano, *Historia temática de los derechos humanos*, Editorial MAD, Sevilla, 2003.

Frédéric Sudre, *Droit internacional et européen des droits de l'homme*, PUF, París, 1989.

Antonio Truyol y Serra, *Los derechos humanos, declaraciones y convenios internacionales*, Tecnos, Madrid, 1984.

Rodrigo Uprimny y otros, *Libertad de prensa y derechos fundamentales: Análisis de la jurisprudencia constitucional en Colombia* (1992-2005), -KAS/DeJusticia/Andiarios, Bogotá, 2006.

Diego Uribe Vargas, *Los derechos humanos y el sistema interamericano*, Ediciones Cultura Hispánica, Madrid, 1972.

Varios autores, *Héctor Fix Zamudio, Liber amicorum*, Secretaría de la Corte Interamericana, San José de Costa Rica, 1998.

Varios autores, *Karel Vasak, Amicorum liber: Les droits de l'hommeàl'aube du XXIe. Siècle*, Bruylant, Bruxelles, 1999.

Varios autores, *La Corte Interamericana de Derechos Humanos: Estudios y documentos*, Corte IDH, San José de Costa Rica, 1999.

Varios autores, *Derecho internacional de los derechos humanos*, Editorial Jurídica Venezolana/UNAM, México, 2002.

Varios autores, *Derechos fundamentales y Estado*, Editorial Jurídica Venezolana/UNAM, México, 2002.

Varios autores, *El derecho público a comienzos del siglo XXI : Estudios en homenaje al profesor Allan R. Brewer Carías*, Civitas, Madrid, 2003.

Varios autores, *La Corte Interamericana de derechos humanos, un cuarto de siglo (1979-2004)*, Corte IDH, San José de Costa Rica, 2005.

Karel Vasak, "Revisiter la troisième génération des droits de l'homme avant leur codification", *Héctor Gros Espiell: Amicorum Liber*, volume 2, pp. 1649 SS, Bruxelles, Bruylant, 1997.

Manuel Ventura Robles y otros. *Sistematización de la jurisprudencia contenciosa de la Corte Interamericana de Derechos Humanos* (1981-1991), Secretaría de la Corte, San José de Costa Rica, 1996.

Manuel E. Ventura Robles, *Estudios sobre el sistema interamericano de protección de los derechos humanos*, San José de Costa Rica, 2007.

Carlos Villán Durán, *Curso de derecho internacional de los derechos humanos*, Trotta, Madrid, 2003.

Piero Viotto. *Maritain: Dizionario delle opere*. Cittá Nuova Editrice, Roma, 2003.

Claudio Zanghí y Karel Vasak, *La Convenzione europea dei diritti del uomo: 50 anni d'esperienza*, Giappichelli Editore, Torino, 2002.

VERBA VOLANT, SCRIPTA MANENT